Eva Wlodarek
Nimm dir die Freiheit,
du selbst zu sein

Eva Wlodarek

Nimm dir die Freiheit, du selbst zu sein

So entfalten Frauen
ihr wahres Potenzial

dtv

Dieses Buch ist auch als eBook erhältlich.

Von Eva Wlodarek ist bei dtv außerdem lieferbar:
Die Kraft der Wertschätzung

MIX
Papier | Fördert gute Waldnutzung
FSC® C083411

Originalausgabe
4. Ausgabe 2024

Umschlaggestaltung: buxdesign | Ruth Botzenhardt
Gesetzt aus der Scala Serif
Satz: Uhl+Massopust, Aalen
Druck und Bindung: CPI books GmbH, Leck
Printed in Germany · ISBN 978-3-423-26291-0

INHALT

EINFÜHRUNG: SEI GANZ DU SELBST

»Die größte Freiheit ist, man selbst zu sein.«

Jeanne Moreau

Lassen Sie mich raten, warum Sie gerade dieses Buch in der Hand halten. Ich vermute, aus dem gleichen Grund, aus dem auch mich dieses Thema gepackt hat: Sie haben eine tiefe Sehnsucht danach, sich endlich einmal selbst innerlich in den Mittelpunkt zu stellen. Sich damit zu befassen, was *Sie* wollen, was *Sie* glücklich macht. Frei zu entscheiden, wie Sie Ihre Zeit und Ihre Kraft investieren und welche Menschen Sie um sich haben möchten. Ihre Talente und Fähigkeiten ernsthaft einzusetzen, nicht nur nebenbei und als Hobby. Authentisch zu sein und Ihre Meinung klar zu äußern. Ihre Träume und Herzenswünsche zu realisieren.

Wahrhaftig ein anspruchsvolles Programm! Aber auch wenn Sie vielleicht nur einen Teil davon verwirklichen wollen, wäre das bereits ein Riesenschritt, der meist auch noch mit Schuldgefühlen belastet ist. Wir Frauen sind es nämlich gewohnt, uns eher für das Wohlergehen der Menschen um uns herum verantwortlich zu fühlen, in der Partnerschaft, in der Familie, im Freundeskreis und im Beruf. Unsere eigenen Bedürfnisse stellen wir weitgehend zurück. Mir ist bewusst, dass das sehr nach gestern klingt. Man sollte meinen, wir seien dank der Emanzipation heute doch schon viel weiter. Doch auch wenn es von außen oft anders aussieht, lassen Sie sich bitte nicht täuschen. Die historisch gewachsene weibliche Neigung zur Anpassung hat sich zwar im Laufe der Zeit abgeschwächt, ist aber noch längst nicht aus unserem Denken und Fühlen verschwunden. So schrieb mir auf meinem Youtube-Kanal »Dr. Wlodarek Life Coaching« eine Frau diesen Kommentar: »Bedürfnisse total hintanstellen und das Leben der anderen führen, habe ich (wie viele, sehr viele andere Frauen auch) viel zu lange erlebt.« Doch seien wir ehrlich, nicht nur edles Verantwortungsgefühl führt dazu, es ist uns auch wichtig, geliebt, gemocht oder akzeptiert zu werden. Der Preis ist, dass wir uns weitgehend den Vorstellungen unserer Umgebung anpassen. Zu einem Video zum Thema Anpassung kommentierte eine Frau: »Ist Everybody's Darling sein zu wollen eher ein weiblicher Wunsch? Ich stelle oft fest, dass Männer im Allgemeinen anders mit den Wünschen anderer umgehen.« Ich kann ihre Beobachtung nur bestätigen. Die amerikanische Soziolinguistin Deborah Tannen bringt diese wie eine Kompassnadel auf andere Menschen ausgerichtete Einstellung auf den Punkt und sieht dabei einen fundamentalen Unterschied zwischen den Geschlechtern: Männer leben in einer »Statuswelt«, Frauen in einer »Beziehungswelt«. In der Statuswelt kämpft man darum, sich günstig zu positionieren, in der Beziehungswelt geht es vor allem um Gemeinsamkeit. Als Bewohnerin der Beziehungswelt sind gewiss auch Sie darauf gepolt, die anderen im Blick zu haben und für gute Verbindungen zu sorgen. Dagegen ist im Prinzip gar nichts einzuwenden, emotionale Intelligenz und Empathie sind ja erwiesenermaßen unsere besonderen weiblichen Fähigkeiten. Nur geraten Sie dadurch auch verstärkt in Gefahr, sich selbst aus den Augen zu verlieren.

Es sollte mich nicht wundern, wenn es auch Ihnen schwerfiele, Grenzen zu setzen, Nein zu sagen und konsequent Ihren Weg zu gehen. Ein Vorwurf, der uns schon bei der kleinsten Rebellion besonders trifft, lautet: »Du bist so egoistisch.« Sicher, die meisten von uns sind keine verhuschten Mäuschen, wir treten selbstbewusst auf, sind tüchtig und durchaus erfolgreich. Aber wer von uns wagt es schon, wirklich das auszuleben, was glücklich macht? Wir fürchten, dann Wohlwollen und Liebe zu verlieren und am Ende einsam zu sein. Oder in existenzielle Nöte zu geraten, mit unseren Träumen kein Geld zu verdienen. Oft ist das Bewusstsein für unsere eigenen Wünsche auch so verschüttet, dass wir gar nicht mehr so genau wissen, wohin der Weg denn eigentlich führen soll. Immerhin gibt es in uns eine mehr oder minder laute Stimme, die fordert: »Pass dich nicht so an. Sei endlich du selbst!« Ich glaube, es ist genau diese Stimme, die Sie gehört haben und die Sie zu diesem Buch geführt hat.

Was ist denn überhaupt das »Selbst«?

Gehen wir es gründlich an. Deshalb erst einmal ein wenig Kopffutter, bevor wir uns um die Praxis kümmern. Die große Frage lautet: Was ist denn überhaupt dieses »Selbst«, das Sie und ich gerne befreien wollen? Offenbar ist es schwer zu fassen. Auf der Suche danach kann es einem ähnlich wie dem berühmten Arzt Rudolf Virchow ergehen, der gesagt hat: »Ich habe so viele Leichen seziert, aber keine Seele gefunden.« Ihr Selbst ist keine im Körper nachweisbare Substanz und auch kein unveränderlicher Zustand. Am besten definiert es meiner Ansicht nach der Psychoanalytiker C. G. Jung. Er versteht darunter »ein der Person innewohnendes Entwicklungsprinzip, das auf persönliche Ganzheit ausgerichtet ist«. Was besagt: Ihre individuellen Eigenschaften sind bereits in Ihnen angelegt und wollen zur Entfaltung gebracht werden. Als passendes Bild dafür wird gerne eine Eichel genommen. In ihr steckt als Konzept bereits der ganze Eichenbaum mit Wurzeln, Stamm und Krone. Aber er muss erst noch wachsen.

Allerdings haben wir Menschen in unserer Entwicklung mehr Spielraum als eine Eiche. Wir können unsere Anlagen in unterschiedliche Richtungen entfalten – oder auch gar nicht. Für uns ist das Selbst eine Art psychisches Navigationssystem, dem wir im günstigen Fall folgen. Doch zwingend ist das nicht. Unterwegs gibt es vieles, was gerade uns Frauen davon abhalten kann: Unsere weibliche Erziehung, der Einfluss unserer Umgebung, komplizierte Lebensbedingungen, Bequemlichkeit, Angst, eine falsche Partnerwahl oder Ziele, die eigentlich nicht unsere eigenen sind.

Um darüber hinauszuwachsen, brauchen Sie den festen Willen, sich statt mit anderen mit sich selbst zu beschäftigen. Damit Sie Ihr Selbst befreien können, müssen Sie es nämlich erst einmal entdecken. Das ist keine einmalige Angelegenheit, sondern ein lebenslanger Prozess.

Damit wird die Betrachtung des Selbst ziemlich verzwickt. Ihr Selbst ist einerseits eine feste Größe. Sie bringen Ihre Gene, Ihr angeborenes Talent, Ihr Temperament und Ihre physischen Gegebenheiten mit. Andererseits entwickelt sich Ihr Selbst aber auch erst im Laufe der Zeit und kann dabei sehr unterschiedliche Formen annehmen. Der Philosoph Friedrich Nietzsche bringt diese zweifache Beschaffenheit kurz auf die Formel: »Werde, der du bist«.

Das Selbst entdecken und entfalten

Wahrscheinlich haben Sie zumindest eine ungefähre Vorstellung davon, wie Ihr Selbst aussieht, wer Sie »eigentlich« sind. Sie können Ihre Stärken aufzählen und kennen die meisten Ihrer Schwächen. Sie haben auch einen Überblick über Ihre Vorlieben und Abneigungen. So machen Sie etwa gerne Urlaub im Süden, lesen mit Begeisterung Krimis, hassen es, zu spät zu kommen oder Ihr Konto zu überziehen.

Doch um Ihr wahres Selbst zu finden, ist es notwendig, mehr in die Tiefe zu gehen. Sie müssen ein Bewusstsein für Ihre Motive, Gefühle und Wünsche bekommen, Ihre ursprünglichen Begabungen und Neigungen herausfinden. Dazu stellen sich existenzielle Fragen: Wer bin ich? Warum bin ich hier? Was ist meine Lebensaufgabe? Was habe ich, was in dieser Kombination kein anderer hat? Was macht mich glücklich? Was möchte ich als Persönlichkeit anderen geben?

Dann geht es darum, dass Sie Ihr Leben entsprechend ausrichten. Allerdings verlaufen Erkennen und Umsetzen nicht schön geregelt nacheinander – erst entdecken Sie Ihr Selbst und dann leben Sie entsprechend –, sondern beides ist miteinander verquickt wie eine Doppelhelix. Es funktioniert als »Learning by doing«. Ihr Selbst finden Sie immer mehr, während Sie aufmerksam leben, handeln, entscheiden und Neues wagen. Sie müssen die Antworten auf die Frage »Wer bin ich?« immer wieder konkret in Ihrem Alltag umsetzen. Hier liegt meist die größere Schwierigkeit, denn dabei erwarten Sie einige Hürden. Zum einen gibt es da innere Barrieren, etwa die Angst, zu missfallen und als egoistisch zu gelten, zum anderen äußere Hindernisse. Dazu zählen Verbindlichkeiten, die sich nicht einfach so aufkündigen lassen, wie zum Beispiel die Sorge für die Familie oder die Notwendigkeit, Geld zu verdienen. Nicht zuletzt bremst Sie der Gegenwind, der Ihnen garantiert entgegenweht, wenn Sie sich nicht länger anpassen, sondern Ihren eigenen Weg gehen. Das führt leicht zu Zweifeln, ob eine Veränderung wirklich richtig ist.

Herauszufinden, wer Sie sind, und sich dann danach auszurichten – das ist zweifellos anstrengend und manchmal in der Konsequenz recht schmerzhaft. Es bedingt ein ständiges Reflektieren, In-sich-Hineinspüren, Neujustieren sowie den inneren und äußeren Kampf, um das Selbst im Alltag umzusetzen. Warum also sollten Sie das tun?

Was haben Sie davon?

Vielleicht geht es Ihnen wie den meisten von uns: Sie leben auch ohne diese permanente Nabelschau und ihre aufwendige Umsetzung ganz gut. Normalerweise ist der Job okay, die Partnerschaft und das Familienleben sind so weit intakt, einen netten Freundeskreis haben wir auch. Nur manchmal spüren wir dieses leise, nagende Gefühl, dass noch mehr möglich wäre, dass das Leben nicht so aufregend, voller Energie und Freude ist, wie es eigentlich sein könnte. Aber dann beschwichtigen wir uns. »Lieber nichts verändern«, flüstert unsere Angst, »Erspare dir den Stress«, rät uns die Bequemlichkeit. Schließlich halten wir es resigniert mit dem Schriftsteller Ödön von Horváth, der gesagt hat, er sei eigentlich ganz anders, er käme nur so selten dazu.

Oft bedarf es erst einer großen Krise, wie einer Kündigung, einer schweren Krankheit, einer Trennung oder dem Tod eines lieben Menschen, um uns zur Veränderung in Richtung Selbst zu zwingen. Das zeigen Aussagen wie die einer Freundin von mir, der erst durch ihren Brustkrebs klar wurde, welches Leben sie wirklich führen möchte. Aber manchmal ist es auch ein scheinbar unspektakulärer Moment, der dazu anregt, unser bisheriges Leben infrage zu stellen. Wie dieser, von dem ich kürzlich las: Eine Frau, die in der IT-Branche tätig ist, sieht zufällig in einer Zeitung ein Foto. Darauf ist eine frühere Klassenkameradin zu sehen, die sich bei »Ärzte ohne Grenzen« engagiert. Das Bild macht die Frau nachdenklich: »Welche Bedeutung hat eigentlich mein Leben? Ich sortiere Einsen und Nullen auf der Festplatte, und sie rettet Leben in Afrika.« Ein harmloses Foto inspiriert sie dazu, sich einmal grundsätzlich zu fragen, ob sie auf dem richtigen Weg ist.

Auf ein gewaltsames Wachrütteln sollten Sie jedenfalls nicht warten. Machen Sie sich auch ohne Druck klar, welchen großen Nutzen es hat, das eigene Selbst zu entdecken und auszuleben. Sich diese Freiheit zu nehmen, ist entscheidend für mehr Glück in allen Lebensbereichen. Stephen Joseph, Psychologieprofessor an der Universität Nottingham, hat in zahlreichen Studien herausgefunden: Menschen, die ihr Leben als sinnvoll und authentisch beurteilen – also gemäß ihrem Selbst leben –, haben ein höheres Selbstwertgefühl, sind zufriedener, führen erfülltere Beziehungen und haben weniger Ängste. Sogar körperlich profitieren sie, da sie gesünder sind und länger leben. Bleiben unsere Möglichkeiten hingegen ungenutzt, erzeugt das eine innerseelische Spannung und verursacht Stress. Wir fühlen uns zunehmend niedergeschlagen und wertlos. Am Ende bleibt vielleicht gar das bittere Gefühl, das wahre Leben verfehlt zu haben, selbst wenn es nach außen hin glänzend ausgesehen hat. Das bestätigt auch Bronnie Ware in ihrem Buch *Fünf Dinge, die Sterbende am meisten bereuen*. Als Palliativpflegerin in Australien begegneten ihr zahlreiche PatientInnen, die voller Bedauern auf ihr Leben blickten. Am häufigsten litten sie darunter, nicht den Mut aufgebracht zu haben, sich selbst treu zu sein. Sie hatten versäumt, ihrem Selbst zu folgen. Die Vorstellung, am Ende auf dem Totenbett zu liegen und zu erkennen »Mein Leben hat allen gefallen, nur mir nicht«, ist doch ziemlich erschreckend. Von daher sollten Sie sich unbedingt um Ihr Selbst kümmern und sich die Freiheit nehmen, Sie selbst zu sein. Werden Sie eine aktive Gestalterin Ihres eigenen Lebens, anstatt sich den Gegebenheiten anzupassen. Auf Sie wartet das Abenteuer. Dazu ist es zum Glück nie zu spät. Wann also, wenn nicht jetzt?

TEIL I:
HINDERNISSE DES SELBST

Frühe Einflüsse prägen fürs Leben

Auch wenn Sie vielleicht glauben, das wäre Schnee von gestern – die meisten Hindernisse für die Entfaltung Ihres Selbst liegen in Ihrer Kindheit. Einfach schon deshalb, weil diese Zeit besonders prägend ist. Viele negative Einstellungen uns selbst gegenüber haben in frühen Jahren ihren Ursprung und wirken bis heute nach. Deshalb lohnt es sich, eine Zeitreise in Ihre Vergangenheit zu machen, um herauszufinden, was Sie möglicherweise gegenwärtig blockiert.

Gehen wir dazu zunächst an den Anfang. Ihr Start in puncto Selbst ist noch recht einfach: Als Säugling muss Ihnen niemand beibringen, ganz Sie selbst zu sein. Sie sind völlig im Einklang mit dem, was in Ihnen vorgeht, und drücken das auch ungefiltert aus. Auf Hunger, Schmerzen, Langeweile oder eine volle Windel reagieren Sie prompt mit Gebrüll. Geht es Ihnen gut, gönnen Sie anderen ein zahnloses Lächeln, glucksen oder strampeln fröhlich. Sind Sie müde, schlafen Sie auf der Stelle ein, und wenn Sie satt sind, machen Sie zufrieden ein Bäuerchen, Sie sind noch im wahrsten Sinne des Wortes selbstbewusst und Authentizität pur.

Doch schon in dieser Phase nehmen Sie bereits unterschiedliche Einflüsse von außen auf, die sich auf Ihr Selbst auswirken – und zwar weitgehend unabhängig von Ihrer genetischen Ausstattung.

Ileana Hanganu-Opatz, Hamburger Professorin für Entwicklungsneurophysiologie, sagt über Einflüsse in den ersten Jahren: »Der genetische Code errichtet nur den Rohbau, aber das Haus ist nicht fertig. Dieser Rohbau lässt viele Möglichkeiten offen, von einer kleinen Hütte bis zum Schloss.« Was entsteht, hängt von den Menschen in Ihrer Umgebung ab. Zwischen diesen und Ihnen findet ein emotionaler Austausch statt. Sie spüren, ob man Sie liebevoll anfasst, streichelt und anlächelt oder ob man Sie grob behandelt, schreien lässt oder vernachlässigt. Diese Erfahrungen wirken auf Ihr Gehirn und steuern sogar, ob bestimmte Gene aktiv werden. Es ist also von Anfang an viel los zwischen Ihnen und der Außenwelt, und das wirkt sich dauerhaft aus. Allerdings sind diese Erfahrungen später nicht präsent. Dass die meisten Erwachsenen sich kaum an Ereignisse erinnern können, die sich vor ihrem dritten Lebensjahr abgespielt haben, bezeichnet man als infantile Amnesie, als frühkindliche Gedächtnislücke. Die Gründe dafür sind nicht vollständig geklärt, hängen aber offenbar mit noch nicht ausreichend entwickelten Hirnarealen zusammen. Die unbewussten Erfahrungen lassen sich später nur über einen Umweg erschließen. Sie spiegeln sich vor allem in Ihrem Wertgefühl wider, in der Art, wie Sie mit sich selbst umgehen und wie Sie sich von anderen behandeln lassen. Sie kommen ihnen auf die Spur, indem Sie sich fragen: »Habe ich das Gefühl, wichtig zu sein? Fühle ich mich wertvoll? Oder bin ich unsicher, ängstlich und habe wenig Vertrauen in meine Mitmenschen?« Die Antworten weisen eventuell darauf hin, dass Sie schon sehr früh Verlustängste, Ablehnung oder andere gravierende Einflüsse erlebt haben. Es lohnt sich deshalb, in der eigenen Familiengeschichte gründlich nachzuforschen, wie Ihre ersten Lebensjahre verlaufen sind. Das erklärt möglicherweise einiges, was Ihnen an Ihrem gegenwärtigen Verhalten rätselhaft erscheint, weil Ihnen keine konkrete Ursache dafür bekannt ist.

Sie lernen, was Sie (sein) dürfen

Das Bewusstsein für das eigene Selbst setzt etwa im Alter von 18 bis 24 Monaten ein. Ab da begreift sich ein Kind als eigenständiges Wesen. Das hat man mit einem trickreichen Experiment herausgefunden: Man malte Kindern dieser Altersstufe einen Farbfleck auf die Nase und setzte sie dann vor einen Spiegel. Die kleinen Versuchspersonen tippten nicht etwa auf ihr Spiegelbild, sondern fassten sich an die eigene Nase – ein Zeichen dafür, dass sie sich erkannten und bereits ein Bewusstsein ihrer selbst hatten.

Von Ihrer Entwicklung her haben Sie in diesem Alter also die Fähigkeit, sich selbst bewusst wahrzunehmen und die Reaktionen Ihrer Umwelt einzuordnen. Damit kommt eines der stärksten menschlichen Bedürfnisse zum Zuge: Der Wunsch nach Zugehörigkeit. Um die Zuneigung und Anerkennung Ihrer Umgebung zu gewinnen, müssen Sie sich anpassen. Ein lautes »Nein!«, ein trauriger Blick von Mama, vielleicht sogar ein Klaps auf die Hand wirken sich auf Ihr Verhalten aus. Ebenso wie ein Kuss, ein Stück Schokolade, ein begeistertes »Das hast du aber fein gemacht!«. Immer wenn es Ihnen gelingt, sich so zu verhalten, dass Sie Strafe vermeiden oder eine Belohnung erhalten, kommt es in Ihrem Gehirn zur Ausschüttung von Botenstoffen, die neuronale Verknüpfungen und synaptische Verschaltungen aktivieren. Auf diese Weise lernen Sie nachhaltig, was akzeptabel ist und was nicht. Je öfter Sie diese Erfahrungen machen, desto intensiver prägen sie sich ein. Ihr ursprüngliches Selbst wird von den Vorstellungen, Meinungen und Weltbildern Ihrer Umgebung beeinflusst und geformt.

Dabei spielt auch das Geschlecht eine Rolle. Zwar hat die Emanzipation durchaus Früchte getragen, längst legen fortschrittliche Eltern Wert darauf, ihr kleines Mädchen stark und selbstbewusst zu machen und es nicht nur pretty in Pink aufzuziehen. Aber trotzdem ist es gar nicht so einfach, sich von traditionellen Rollen und Prägungen zu befreien. Schließlich hat ja auch das weitere Umfeld Einfluss.

Das bekam ich kürzlich bei meinen Nachbarn mit, denen man sicher keine spezifisch weibliche Erziehung bei ihrer Tochter unterstellen kann. Die kleine Marlene, fünf Jahre alt, wird genauso erzogen wie ihr siebenjähriger Bruder Moritz. Marlene wollte unbedingt ein Video von Prinzessin Lillifee sehen, wie neulich bei ihrer Freundin Pauline aus der Kita. Ihre Mutter verdrehte nur die Augen, aber Kinder orientieren sich nun mal auch an ihresgleichen, sie möchten mitspielen und dazugehören. Dabei nehmen sie unbewusst auf, was für ein Mädchen passend ist. Die kleine Wilde in der Latzhose, die auf Bäume klettert und bestimmen will, wird da schnell zur Außenseiterin. Pippi Langstrumpf macht sich meist nur im Kinderbuch gut.

Auch die Erwachsenen spielen als Vorbilder in puncto Geschlechtererziehung eine Rolle, denn Nachahmung ist ein wichtiger Erziehungsfaktor. Selbst bei Familien, in denen generell Gleichberechtigung herrscht, gibt es im Alltag eine traditionelle Verteilung: Mama schminkt sich zum Ausgehen, füllt die Waschmaschine und kümmert sich um die kranke Oma. Papa schleppt die Kiste mit den Wasserflaschen, repariert das Fahrrad und brüllt begeistert bei der Liveübertragung eines Fußballspiels. Nur Klischees? Machen wir uns nichts vor, die Geschlechterstereotypen haben bis auf Weiteres immer noch Macht und beeinflussen uns schon im frühen Alter. Und da geht es für kleine Mädchen nicht nur um einen rosa Rucksack, sondern um Liebsein und Einüben von Verständnis. Erkennen Sie da vielleicht etwas aus Ihrer eigenen Kindheit wieder?

Anpassung hat eine negative Seite

Im Sinne von Sozialisation ist Anpassung zweifellos notwendig. Wir lernen, uns zivilisiert zu verhalten. Doch die Einpassung in die Gesellschaft, so nützlich sie auch ist, hat eine Kehrseite, die sich fatal auf unser wahres Selbst auswirkt. Unsere Bezugspersonen vermitteln uns nämlich nicht nur gesellschaftlich notwendige Verhaltensweisen, sondern versuchen außerdem, uns nach ihren Vorstellungen und Überzeugungen zu formen. Die decken sich nicht unbedingt mit dem, was unserem Wesen entspricht.

Stellen Sie sich nur einmal vor, wie sich ein stilles, introvertiertes Mädchen in einer lauten Familie fühlt. Oder wie es einem lebhaften Kind in einer Umgebung ergeht, in der Selbstbeherrschung als höchste Tugend gilt. Davon kann Susanne, eine 54-jährige Apothekerin, ein Lied singen. Sie wächst in einer vornehmen Hamburger Reederfamilie an der Elbchaussee auf. Schon früh lernt sie, dass man sich ruhig und gesittet verhält. Wird sie als kleines Mädchen laut oder wütend, schickt man sie in ihr Zimmer. Sie darf erst wieder herauskommen, wenn sie – wie ihre Mutter es nennt – »sich abgekühlt« hat. Die erwachsene Susanne wird oft für arrogant gehalten, dabei hat sie nur gelernt, ihre Gefühle zu verbergen.

Den intensiven Einfluss der elterlichen Einstellung kann ich auch bei mir selbst gut nachverfolgen. Mein Vater war Pastor. Das bedingte so sicher wie das Amen in der Kirche eine Erziehung gemäß den christlichen Idealen. An erster Stelle stand das Gebot »Liebe deinen Nächsten«, wobei der zweite Teil »... wie dich selbst« gerne ignoriert wurde. Meine Eltern lebten nach diesem Prinzip und sorgten dafür, dass ich mich ebenso altruistisch verhielt und meine eigenen Bedürfnisse zurückstellte. Als Erwachsene fiel es mir lange schwer, Nein zu sagen und Grenzen zu setzen, wenn mich jemand um Unterstützung bat.

Wie stark bei der sozialen Anpassung tatsächlich eigene Impulse, Bedürfnisse und Gefühle unterdrückt werden, hängt davon ab, wie viel Freiheit zur Selbstentfaltung wir trotz der gesellschaftlich notwendigen Reglementierung erhalten. Das sieht auch der Psychotherapeut und Sozialwissenschaftler Erich Fromm so: »Die Beschränkungen, die eine derartige Erziehung dem heranwachsenden Kind vielleicht zumuten muss, sind lediglich vorübergehende Maßnahmen, welche dem Wachstums- und Entfaltungsprozess nur nützen. In unserer Kultur jedoch führt die Erziehung nur allzu oft zur Ausrottung der Spontaneität. Dann werden die ursprünglich psychischen Akte durch andersartige Gefühle, Gedanken und Wünsche überlagert.«

Ob es gut oder schlecht ist, was Sie als Kind von Ihrer Umgebung übernehmen, können Sie zu diesem Zeitpunkt noch nicht beurteilen. Sie glauben einfach, dass die mächtigen Erwachsenen recht haben mit dem, was sie Ihnen vermitteln. Als kluges Kind wissen Sie jedenfalls schon bald sehr genau, was in Ihrer Umgebung gefragt ist und wie Sie sich verhalten müssen, um Wohlwollen zu erreichen. Das gilt sogar, wenn die Erwachsenen Ihr Verhalten nicht überwachen. Dazu hat die Natur eine geniale Möglichkeit eingerichtet: Wir nehmen die Werte und Normen unserer Umgebung als unsere eigenen auf. Indem wir sie verinnerlichen, sind wir in der Lage, sie jederzeit eigenständig abzurufen. Von diesem Zeitpunkt an benötigen wir keine Anweisung von außen mehr, sondern erzählen uns in einem inneren Dialog selbst, was akzeptabel ist und was nicht. Wir speichern auch, wie wir uns einschätzen sollen, etwa als hübsch, lieb und schlau oder als dumm, ungeschickt und hässlich.

Außerdem filtern wir unbewusste Regeln aus dem, was wir erleben. Wenn Sie als Kind wenig Unterstützung bekommen haben, wird daraus etwa, dass Sie allein mit allem fertigwerden müssen. Wenn Sie in einer Umgebung aufgewachsen sind, in der Sie als fremd abgelehnt wurden, kann zurückbleiben, dass Sie nirgendwo dazugehören.

Der Psychologieprofessor Stephen Joseph drückt es so aus: »Das Ichgefühl entwickelt sich, während das Kind mit den Menschen seiner Umgebung interagiert. Je mehr Erfahrungen das Kind macht, desto komplexer wird sein Selbstbild. Kinder lernen, eine Geschichte darum zu spinnen, wer sie sind. Diese Geschichte ist die Landkarte, nach der sie ihr Leben führen.«

Fatal ist es, wenn diese Geschichte nicht mit Ihrem wahren Selbst übereinstimmt. Dann hindert sie Sie daran, authentisch zu sein. Deshalb ist es wichtig herauszufinden, was Sie bis heute beeinträchtigt, damit Sie Ihr wahres Selbst entdecken.

Überzeugungen bestimmen Ihre Erfahrung

Was Sie frühzeitig von Ihrer Umgebung aufgenommen haben, verdichtet sich zu festen Überzeugungen. Es handelt sich um Meinungen und Urteile, die Sie ungeprüft als wahr annehmen. Man spricht deshalb auch von »Glaubenssätzen«. Sie bestimmen Ihr Denken und Verhalten. Im Sinne einer selbsterfüllenden Prophezeiung passiert dann meist genau das, was Sie gemäß Ihrer inneren Einstellung erwarten. Das ist kein Problem, solange es sich um eine positive Überzeugung handelt, wie etwa »Wenn ich es wirklich will, dann schaffe ich es auch« oder »Ich bin liebenswert«. Anders wirkt es sich aus, wenn Sie einschränkende Urteile aufgenommen haben. Dann hindert Sie Ihr eigenes Bewertungssystem daran, Ihr Potenzial zu erkennen, Chancen wahrzunehmen und eine erfolgreiche Beziehung zu anderen Menschen aufzubauen. Das Perfide ist, dass Ihnen die negativen Glaubenssätze oft nicht einmal bewusst sind und sich keineswegs mit Ihren

Wünschen decken müssen. Deshalb können Sie sich oft nicht erklären, warum Sie scheinbar nicht weiterkommen.

Daniela, 39, Malerin, sabotiert ihren Erfolg entsprechend ihrem unbewussten Glaubenssatz »Ich bin es nicht wert«. Von der Qualität ihrer Bilder her könnte sie längst bekannt sein, würde sie nicht ständig Galeristen und potenzielle Kunden mit provokanten Bemerkungen verprellen. So wirft sie einem Mäzen an den Kopf, er habe zwar Geld, aber in Sachen Kunstverstand sei er leider nicht die hellste Kerze im Kronleuchter. Sie findet das witzig, der Sammler ist beleidigt. Fragt man sie, was sie auf künstlerischem Gebiet erreichen möchte, dann sagt sie: »Na was wohl? Warte mal ab, bald hängen meine Bilder in der Gagosian Gallery in New York.« Das werden sie unter diesen Bedingungen wohl eher nicht.

Eines ist sicher: Das Unterbewusstsein, Ort unserer Glaubenssätze, gewinnt immer. Es findet kreative Wege, sich durchzusetzen. Schon der Psychoanalytiker Carl Gustav Jung sagte: »Solange Unbewusstes nicht bewusst gemacht wird, lenkt es dein Leben und du nennst es Schicksal.«

Checkliste negativer Glaubenssätze

Die folgenden hinderlichen Überzeugungen kommen aufgrund der weiblichen Sozialisation besonders häufig bei uns Frauen vor. Achten Sie darauf, welche Aussage Sie besonders berührt – die könnte Sie bisher daran gehindert haben, Ihr wahres Selbst zu erkennen und zu entfalten.

Ich bin es nicht wert

Das Gefühl, wertlos zu sein, sitzt tief und kann sich auf jeden beliebigen Bereich Ihres Lebens beziehen. Sie glauben, Sie hätten kein Recht darauf, von anderen respektvoll behandelt zu werden. Deshalb lassen Sie es mit eingezogenem Kopf zu, dass Sie ein cholerischer Vorgesetzter anschreit. Sie bleiben in einer Wohnung, in der Sie sich nicht wohlfühlen, und verrichten eine Tätigkeit, die Sie unterfordert. Oder Sie halten es nicht für möglich, dass Sie für einen guten Mann attraktiv sind.

So geht es Hella, einer 29-jährigen Krankenschwester. Ihre Mutter hat ihr vermittelt: »Jemand wie dich will doch keiner. Du kannst froh sein, wenn du überhaupt einen Mann abbekommst.« Als sich Ralf, ein älterer Witwer, für Hella interessiert, geht sie auf sein Werben ein und heiratet ihn, obwohl sie ihn nicht liebt.

Wenn Sie sich wertlos fühlen, geben Sie sich mit dem Minimum zufrieden und wagen nicht, mehr zu verlangen. Bei dieser Einstellung hat Ihr strahlendes, wertvolles Selbst kaum die Möglichkeit, sich zu entfalten.

Ich bin nicht wichtig

Dieses Gefühl entwickeln vor allem Kinder, deren Eltern wenig Zeit für sie haben. Auch wenn es sich dabei oft um äußere Zwänge handelt, unter denen die Eltern selbst leiden, interpretieren Kinder die Abwesenheit auf ihre Weise: »Wenn ich Papa und Mama wichtig wäre, würden sie sich um mich kümmern.«

Die kleine Elsa erlebt es so. Ihre Eltern haben ein Möbelgeschäft. Weil sie auch eine Beratung für Inneneinrichtungen anbieten, sind sie oft noch nach Feierabend zu Kunden unterwegs. Elsa bleibt meist sich selbst überlassen oder wird von einer Haushälterin betreut. Sie bekommt jedes Spielzeug, das sie sich wünscht, aber sie ist ein einsames kleines Mädchen. Noch als erwachsene Frau ist sie der Ansicht, dass sich niemand wirklich für sie interessiert.

Das Fatale ist: Wenn Sie glauben, nicht wichtig zu sein, setzen Sie sich auch nicht für Ihre eigenen Bedürfnisse ein, sondern halten die der anderen für bedeutender.

Ich muss gefallen

Dieser Glaubenssatz zählt zu den für Frauen typischen und besonders gefährlichen Saboteuren des Selbst. Er verlangt nämlich, dass Sie sich ständig verleugnen. Wenn Sie diese Einstellung schon als kleines Mädchen verinnerlicht haben, besitzen Sie feine Antennen dafür, was andere sich wünschen und passen sich wie ein Chamäleon an.

Als Gefallsüchtige machen Sie liebenswürdig Smalltalk mit Menschen, die Sie nicht mögen, kleiden sich peinlich genau dem jeweiligen Anlass entsprechend und geben sich größte Mühe, alles richtig zu machen. Lob und Komplimente saugen Sie wie ein Schwamm auf und beziehen daraus Ihren Selbstwert. Kritik an Ihrer Person oder Ihrem Verhalten trifft Sie jedes Mal schwer und geht Ihnen noch lange nach.

Lilo, 47, Sekretärin, ist am Boden zerstört, als nach einem Event, das sie erfolgreich für die Firma organisiert und bei dem sie die Gäste liebenswürdig begrüßt hat, jemand die Bemerkung fallen lässt, sie habe sich da aber mächtig in den Vordergrund gespielt.

Wenn Sie Ihr wahres Selbst leben wollen, ist es unmöglich, »Everybody's Darling« zu sein. Sie müssen auch mit Ablehnung leben können.

Ich darf nicht sagen, was ich denke

Die autoritären Sprüche der 1950er-Jahre sind Gott sei Dank überholt: »Kinder mit 'nem Willen kriegen was auf die Brillen.« Oder: »Kinder bei Tische – stumm wie die Fische.« Heute heißt es nur mit hochgezogenen Augenbrauen: »Schatz, so etwas sagt man nicht.«, »Wie kommst du denn auf diese verrückte Idee?«, »Das ist doch albern.« Durften Sie als Kind Ihre Gedanken nicht frei äußern? Dann ist später oft jeder Kontakt mit anderen ein Eiertanz. Sie erkunden zunächst, welche Position Ihr Gegenüber einnimmt, bevor Sie sich äußern. Auf direkte Fragen reagieren Sie eher ausweichend und diplomatisch. Sobald Sie merken, dass Ihre Meinung nicht gut ankommt, lenken Sie sofort ein und relativieren, was Sie gesagt haben: »Das hast du falsch verstanden.«, »Lassen Sie mich das noch einmal erläutern.« Das geht oft bis zur Schmerzgrenze.

So scheut sich Lisa, eine 39-jährige IT-Beraterin, einem Bekannten zu sagen, dass sie Meditation gut findet, weil er sich abfällig über »diesen Esoterikquatsch« äußert.

Mit einem freien Selbst wagen Sie es, offen zu sprechen und auch eine kontroverse Ansicht zu vertreten.

Ich muss ernsthaft sein

Familien mit einem hohen ethischen Anspruch beurteilen Vergnügen und Leichtigkeit oft als oberflächlich. Ein Kind mit einem ursprünglich heiteren Naturell, das gerne lacht und Streiche ausheckt, zieht Ablehnung auf sich und beginnt, diesen Teil zu unterdrücken.

Dianas Vater ist ein strenger Jurist, der sich auch im Privatleben äußerst kontrolliert verhält. Mutter und Tochter wagen in seiner Gegenwart kaum, über banale Themen zu sprechen, weil er über eine solche »Niveaulosigkeit« sehr ungehalten werden kann. Bis heute hat Diana, 31, ein schlechtes Gewissen, wenn sie einen trivialen Liebesroman liest statt »guter Literatur«.

Sind Sie immer bemüht, kompetent und seriös zu erschienen? Fällt es Ihnen schwer, so richtig albern zu sein? Reagieren Sie gereizt, wenn jemand vor Lachen losprustet oder sich nicht diszipliniert verhält? Dann steckt bei Ihnen eventuell dieser Glaubenssatz dahinter und versperrt Ihnen die Möglichkeit, Spaß zu haben.

Ich muss immer fröhlich sein

Kinder, die in schwierigen Familienverhältnissen aufwachsen, lernen schnell, dass sie keine Probleme machen dürfen. Etwa wenn die alleinerziehende Mutter sich den ganzen Tag abrackert, um den Lebensunterhalt zu verdienen, oder wenn ein Elternteil psychische Probleme hat. Dann mutiert ein Kind schnell zum pflegeleichten Sonnenschein. Es verbirgt eigenen Kummer, zeigt keine Tränen und spricht nicht über seine Ängste. Damit wird ein großer Bereich, der zum Selbst gehört, komplett abgespalten.

Sinas Mutter ist depressiv. Sie liegt fast den ganzen Tag auf dem Sofa und sieht sich Serien im Fernsehen an. Die Aufgabe des kleinen Mädchens ist es, mit Mama zu kuscheln und ihr zu sagen, wie lieb es sie hat. Dann seufzt die Mutter: »Ach, meine Kleine, für dich lohnt es sich noch zu leben.« In der Psychotherapie, die Sina als erwachsene Frau macht, fällt auf, dass sie selbst dann lächelt, wenn sie von einem traurigen Erlebnis berichtet.

Wie ist es bei Ihnen? Sagt man über Sie, Sie hätten immer gute Laune? Antworten Sie auf die Frage, wie es Ihnen geht, strahlend »Danke, bestens!«, obwohl Sie gerade ziemlich verzweifelt sind? Haben Sie Schwierigkeiten, selbst nahen Menschen Ihren Kummer anzuvertrauen? Dann sollten Sie überlegen, ob nicht dieser Glaubenssatz dazu führt, dass Sie einen wichtigen Teil Ihres Selbst verbergen.

Ich muss nützlich sein

»Träum nicht!«, »Spinn nicht ’rum!«, »Mach doch mal etwas Anständiges!« In manchen Familien zählt nur, was man mit Händen greifen kann oder was für andere wertvoll ist. Man muss aktiv sein oder andere unterstützen, um als guter Mensch zu gelten. Bei einem verträumten oder künstlerisch begabten Kind verursacht das leicht ein schlechtes Gewissen. Es hält sich für überflüssig, wenn es nichts »Sinnvolles« tut.

Regina, eine 49-jährige Psychotherapeutin, setzt den in der Kindheit erworbenen Anspruch, für andere nützlich zu sein, in ihrer Praxis um. Sie behandelt vor allem psychisch schwer gestörte Patienten. Während ihre Kolleginnen auf eine gesunde Mischung zwischen leichten und schweren Fällen achten, übernimmt sich Regina und hat schließlich einen Burn-out. Da ist Schluss mit Nützlichkeit und sie hat genügend Zeit herauszufinden, wer sie wirklich ist.

Folgendes kann auf den obigen Glaubenssatz hinweisen: Ihnen fällt es schwer, einfach ruhig dazusitzen und zu träumen. Sie entschuldigen sich, wenn Sie gerade nichts tun, oder geben vor, beschäftigt zu sein. Sie erzählen jedem, wie sehr Sie zurzeit unter Stress stehen. Machen Sie sich bitte klar: Um mit Ihrem Selbst in Kontakt zu kommen, brauchen Sie auch Muße.

Ich darf nicht sexy sein

Ein puritanisches Elternhaus kann bei einem kleinen Kind die Körperwahrnehmung unterdrücken. Es wirkt sich aus, wenn Eltern ihm signalisieren, dass alles unterhalb der Taille schmutzig und tabu ist.

Als der Vater seine siebenjährige Tochter Frieda erwischt, wie sie nur mit Mamas Seidenschal bekleidet vor dem Spiegel posiert, muss er sich beherrschen, um sie nicht zu schlagen. Er schreit:

»Zieh dir sofort etwas an! Wenn du so weitermachst, wirst du später eine Prostituierte.« Frieda weiß gar nicht, was das ist, aber sie spürt, dass sie etwas schrecklich Verbotenes getan hat.

Nicht nur Geist und Seele, auch der Körper und das mit ihm verbundene Lustempfinden gehören zu Ihrem Selbst. Sie können dies nicht ignorieren, ohne sich zu beeinträchtigen.

Ich werde nicht gesehen

Manchmal ist sich ein Kind durchaus seiner Fähigkeiten bewusst. Aber die Erwachsenen nehmen seine guten Eigenschaften einfach nicht wahr. Ein Gefühl von Ungerechtigkeit, sei es nun berechtigt oder nicht, kann das ganze Leben vergiften.

In der Klasse der siebenjährigen Marie wird am Ende des Schuljahres dasjenige Mädchen ausgezeichnet, das sich besonders hilfsbereit und freundlich gegenüber seinen Mitschülerinnen gezeigt hat. Marie gibt sich besonders Mühe und sieht sich klar als Anwärterin auf den Preis. Stattdessen erhält eine Klassenkameradin das Lob, die sich nicht halb so viel dafür eingesetzt hat wie sie, aber bei der Lehrerin beliebt ist. Für eine Erwachsene wären das Peanuts, aber für Marie ist es ein Schlüsselerlebnis. Bis heute stellt sie, inzwischen 49 Jahre alt und Wissenschaftlerin, immer wieder verbittert fest, dass ihr offenbar Kolleginnen vorgezogen werden, die ihr fachlich nicht das Wasser reichen können. Sie fühlt sich in ihrer Qualität nicht gesehen.

Wenn Sie bis heute das Gefühl haben, nicht wahrgenommen zu werden, kann das fatale Folgen haben: Sie werden bitter und neidisch. Oder Sie resignieren, weil Sie glauben, Ihre Anstrengungen würden ohnehin nicht gewürdigt. Dass Sie damals nicht gesehen wurden, heißt nicht, dass Sie auch als Erwachsene die Tarnkappe aufhaben müssen. Ohne diesen Glaubenssatz können Sie Ihre Persönlichkeit leuchten lassen.

Ich bin schlecht

Als Pastorentochter weiß ich besonders gut, dass manche Formen des religiösen Glaubens die Entfaltung des Selbst erschweren. Eine Einstellung, die den Menschen als unvollkommenes, von Erbsünde geprägtes Wesen betrachtet, kann zu Angst und Selbstanklagen führen.

So wie bei Rena. Sie wächst in einem streng evangelischen Elternhaus auf. Sonntags geht man gemeinsam in die Kirche, anschließend nimmt die kleine Rena am Kindergottesdienst teil. Die heute 63-jährige Ärztin erzählt, dass sie dort oft gerne ein Lied mit folgendem Text gesungen hat: »Pass auf, kleines Auge, was du siehst, denn der Vater im Himmel schaut herab auf dich!« Danach kamen weitere »gefährdete« Körperteile an die Reihe: »Pass auf, kleiner Mund, was du sprichst ... kleines Ohr, was du hörst ... kleiner Fuß, wohin du gehst ... kleiner Kopf, was du denkst.« Dabei zeigten die Kinder jeweils darauf. Ein scheinbar fröhliches Lied, so schön zum Mitmachen – aber mit einer perfiden Botschaft. Zuhause hatte Rena ständig Angst, sich falsch zu verhalten, weil die himmlische Kontrollinstanz ja jeden ihrer Schritte beobachtete. Bis heute fühlt sie sich nicht wirklich frei.

Wie wurde bei Ihnen zu Hause Moral vermittelt? Fühlen Sie sich schnell schuldig? Glauben Sie an eine strafende Instanz? Beten Sie regelmäßig, dass Ihnen Ihre Sünden vergeben werden? Bedenken Sie bitte: Sie sind auf dem Weg zu Ihrem Selbst mit seinen Stärken und Schwächen, nicht auf dem Weg zur Heiligkeit.

Ich bin (noch) nicht gut genug

Wenn Sie als Kind zu wenig Bestätigung bekommen haben, sind Sie wahrscheinlich äußerst kritisch mit sich. Auch wenn es zu Hause Liebe nur gegen Wohlverhalten und gute Noten gab, hat sich daraus vermutlich ein übertriebener Anspruch entwickelt. Die Folge ist Perfektionismus. Er hindert Sie daran, sich selbst liebevoll als Wesen mit Stärken und Schwächen anzunehmen. Sie bemühen sich verzweifelt um ein Ideal, das ohnehin unerreichbar ist, sei es in Bezug auf Ihr Verhalten oder Ihre Leistung.

Anna, 32, Fotografin, fürchtet, bald nicht mehr ihre Miete zahlen zu können, obwohl sie schon seit Längerem regelmäßig freiberuflich für eine Werbeagentur arbeitet. Sie scheut sich, ein angemessenes Honorar zu verlangen. Ihre Begründung: »Ich bin noch nicht gut genug.« Ihre KollegInnen in der Agentur sind da übrigens anderer Ansicht. Die finden, sie macht einen super Job. Es ist Anna selbst, die mit ihrem überhöhten Anspruch die Möglichkeiten ihrer Selbstentfaltung einschränkt.

Ich bin nur die Nummer zwei

Wenn Sie als Kind zurückstehen mussten, weil ein Geschwister sämtliche Aufmerksamkeit auf sich zog, haben Sie später oft Probleme, sich beruflich für die vordere Reihe zu bewerben oder sich privat an die erste Stelle zu setzen. Sie unterdrücken Ihren gesunden Ehrgeiz oder Ihren Wunsch, auch einmal die Nummer eins zu sein.

Friederikes zwei Jahre jüngerer Bruder Philipp ist von Geburt an schwerstbehindert. Seine Pflege fordert die ganze Kraft der Eltern. Für Friederike bleibt nicht viel Aufmerksamkeit übrig. Im Gegenteil, sie wird voll eingespannt. Wenn sie nach Schulschluss auf dem Nachhauseweg mit ihren Freundinnen ein wenig getrödelt hat, steht ihre Mutter schon wartend an der Haustür, tippt vorwurfsvoll auf ihre Armbanduhr und sagt: »Warum kommst du so spät? Du musst Philipp füttern, damit ich einkaufen kann.« Bis heute hält sich Friederike, 43, Assistentin der Geschäftsleitung, lieber im Hintergrund, obwohl sie durchaus die Fähigkeit hätte, Führungsaufgaben zu übernehmen.

Ich darf nicht auffallen

»Was sollen die Nachbarn denken, wenn du dich so benimmst?«, »Lach nicht so laut, das ist ordinär!«, »Mach uns keine Schande!«, »Halte dich bloß zurück!« Eltern, die ihrem Kind solche Aufträge geben, haben meist selbst große Angst aufzufallen. Sie wollen es vor Ärger, Kritik und übler Nachrede schützen, genau wie sich selbst. Leider ist ihnen nicht klar, was sie ihm damit antun. Das Ergebnis kann eine hemmende Schüchternheit sein. Das Kind fragt sich dann ständig: »Mache ich mich lächerlich? Halten mich die anderen jetzt für angeberisch? Denken sie schlecht über mich?«

In Carlas Beurteilung am Ende der ersten Klasse schreibt die Lehrerin: »Carla muss sich mehr in die Klassengemeinschaft einbringen.« Carla ist weder unsozial noch kontaktarm. Vielmehr hat sie verinnerlicht, dass es gefährlich ist, sich zu sehr zu zeigen. Ihre Eltern sind als Flüchtlinge aus Ostpreußen in eine bayerische Kleinstadt gekommen und bemühen sich sehr, sich anzupassen, um keine Ablehnung zu provozieren. Bis heute hat Carla, 54, Chemielaborantin, Schwierigkeiten, aus sich herauszukommen und locker Kontakt zu anderen aufzunehmen. Auch optisch ist sie bemüht, nicht anzuecken, trägt lieber Beige als Rot.

Für diesen Typus gibt es die uncharmante Bezeichnung »Tapetenmenschen«: Manche Personen würden sich am liebsten im Muster der Tapete kleiden, vor der sie stehen, um nur ja nicht aufzufallen. Das ist nicht so lustig, wie es klingt. Viele vermeintlich langweilige, unscheinbare Menschen sind sensibel, klug, feinfühlig, aber sie wagen nicht, das zu zeigen. Ihr Selbst braucht die Erlaubnis, sichtbar zu werden.

Ich darf nicht besser sein als meine Eltern

Die meisten Eltern haben offiziell die Einstellung: »Unser Kind soll es mal besser haben als wir.« Sie sind stolz, wenn es Erfolg hat. Doch unterschwellig vermitteln sie ihm: »Du darfst gerne weiterkommen, aber nicht so weit, dass du dich uns entfremdest. Werde nicht wirklich hübscher, klüger, beliebter, reicher, gebildeter als wir.« Mit solcher Elternbotschaft geraten Sie in eine Zwickmühle. Auf der einen Seite lieben Sie Ihre Familie und möchten dazugehören. Auf der anderen Seite wollen Sie aber auch Ihrer inneren Neigung nachgehen und den Erfolg haben, der Ihrer Begabung entspricht. Der Preis für Letzteres ist hoch. Sie verlieren möglicherweise den wärmenden Schutz Ihrer Familie und müssen hören: »Du hältst dich jetzt wohl für etwas Besseres.«

Die Autorin Elke Heidenreich hat diese Ablehnung schmerzhaft erlebt, ebenso wie die Schriftstellerin Ulla Hahn. Beide berichten, dass ihre Väter wütend dagegen angingen, dass ihre Töchter sich mit Büchern beschäftigten. Glücklicherweise waren diese Frauen schon als Kinder stark genug, sich davon nicht einschüchtern zu lassen. Als Erwachsene haben sie sich die Freiheit genommen, ihr wahres Selbst auszuleben.

Ich kann das nicht

In der Psychologie gibt es den sperrigen Begriff »Selbstwirksamkeitserwartung« (SWE), englisch »Perceived self-efficacy«. Er wurde von dem US-Psychologen Albert Bandura in den 1970er-Jahren entwickelt und bezeichnet die Erwartung einer Person, aufgrund eigener Fähigkeiten eine gewünschte Handlung erfolgreich ausführen zu können. Wenn Sie als Kind wenig Unterstützung erfahren haben und Ihnen Erwachsene vermittelten, Sie wären dumm, ungeschickt oder taugten zu nichts, dann haben Sie vermutlich nur eine geringe SWE entwickelt. Sie trauen sich selbst nichts zu. Und da beißt sich die Katze in den Schwanz: Weil Sie es sich nicht zutrauen, fangen Sie gar nicht erst an oder versagen im Sinne einer selbsterfüllenden Prophezeiung. Und weil Sie keine Erfolgserlebnisse haben, wird auch Ihre Erwartung an sich selbst immer geringer. Als Erwachsene scheuen Sie dann vor Herausforderungen zurück.

Silke, 59, hat ein Händchen für Einrichtungen. Ihr gelingt es, mit einfachsten Materialien eine elegante Wirkung zu zaubern. Davon profitieren ihre Freundinnen. Die wollen Silke dazu überreden, aus ihrem Talent einen Beruf zu machen. Das traut sich Silke nicht zu und schlägt sich weiter mit schlecht bezahlten Jobs durch.

Mut und der Glaube an die eigenen Stärken sind unbedingt nötig, damit Sie Ihr eigenes Selbst vertreten.

Ich muss mit allem allein fertigwerden

Sicher hat es seine guten Seiten, wenn Sie schon als Kind gelernt haben, Verantwortung zu übernehmen. Doch wenn das zu früh und zu häufig passiert ist, haben Sie das Vertrauen verloren, dass andere für Sie da sind, wenn Sie sie brauchen.

Marions Mutter stirbt, als sie 10 Jahre alt ist. Der Vater gibt sich seiner Trauer hin und vergräbt sich in seiner Arbeit. So muss Marion nach der Schule einkaufen, kochen, die Wohnung putzen und für ihren sechsjährigen Bruder sorgen. Sie erzählt: »Ich habe mich damals auf eine Fußbank gestellt, damit ich an den Herd reichte. Und dann habe ich für uns Nudeln gekocht.«

Als Erwachsene sind Frauen wie Marion meist emotionale Selbstversorgerinnen. Es fällt ihnen schwer, um Hilfe zu bitten oder Trost bei anderen zu suchen, wenn sie Kummer haben. Bedürftigkeit wird als Schwäche empfunden. Doch um sich vollständig zu entwickeln, brauchen sie Unterstützung.

Ich gehöre nicht dazu

Wenn Sie schon als Kind ausgegrenzt wurden, kann daraus dauerhaft ein Gefühl von Einsamkeit entstehen. Auch wenn sich andere später noch so sehr um Sie bemühen, haben Sie immer das Gefühl, jenseits des Zaunes zu stehen.

Wie Barbara. Ihre Eltern gehören zu einer indischen Sekte, die sich durch auffällige Kleidung hervortut. In der Kleinstadt, in der Barbara aufwächst, begegnet man der Familie mit Misstrauen und Verachtung. Barbara wird nicht zu Kindergeburtstagen eingeladen und findet keine Freundin. Sie leidet sehr darunter, dass ihre Eltern nicht so »normal« sind wie andere Mütter und Väter. Als Erwachsene löst sie sich zwar von der religiösen Gruppierung, aber ihre innere Distanz zu anderen Menschen bleibt.

Nach welchen Vorstellungen leben Sie?

Haben Sie unter den Glaubenssätzen einen – oder sogar mehrere – entdeckt, nach denen Sie unbewusst noch immer leben? Eventuell sind Ihre persönlichen Glaubenssätze auch Varianten eines dieser »Klassiker«. Etwa wenn Sie vor anderen immer so tun, als ginge es Ihnen blendend, nach dem Motto: »Wie's drinnen aussieht, geht niemand etwas an.« (Glaubenssatz: »Ich muss immer fröhlich sein.«) Oder wenn Sie tapfer denken: »In diesem Leben ist es mir offenbar nicht bestimmt, erfolgreich zu sein oder die große Liebe zu finden.« (Glaubenssatz: »Ich bin es nicht wert.«) Oder wenn Sie vor einem beruflichen Angebot zurückschrecken, mit der Begründung, Sie hätten das doch nicht gelernt. (Glaubenssatz: »Ich bin nicht gut genug.«)

Wenn Sie sich in keinem dieser Glaubenssätze wiedererkannt haben, aber vermuten, dass doch noch einer hinter Ihrem Verhalten steckt, dann können Sie Ihrer unbewussten Überzeugung auch auf diese Weise auf die Spur kommen:

- Registrieren Sie Sätze, die Sie voller Emotionen denken oder sagen, sei es Sie selbst oder andere betreffend. Etwa: »Ich kann machen, was ich will, ich komme einfach auf keinen grünen Zweig.«, »Ich hasse es, wenn Frauen das hilflose Weibchen spielen.«, »Unangenehm, wie die sich wieder in den Mittelpunkt stellt.«
- Wenn Sie Wörter wie »immer«, »nie«, »keiner« oder »alle« verwenden, kann sich dahinter ein Glaubenssatz verbergen. »Die guten Männer sind doch alle vergeben.«, »Mir hört ja mal wieder keiner zu.«, »Immer muss ich die Kastanien aus dem Feuer holen.«, »Nie ist einer da, wenn man jemanden braucht.«
- Nehmen Sie Ihre eigenen Gedanken wahr, wenn jemand seine Meinung kundtut. Stimmen Sie innerlich zu oder gehen Ihnen Gegenargumente durch den Kopf?

Die Beschäftigung mit Ihren Glaubenssätzen soll nicht bewirken, dass Sie sich resigniert sagen: »Oh je, die alten Geschichten sitzen so tief, die kann ich doch gar nicht in Eigenregie lösen.« Ich bin da optimistisch. Zwar gilt nicht gleich »Gefahr erkannt, Gefahr gebannt«, aber Erkenntnis ist der erste, wichtige Schritt. Sie hat die Funktion einer Diagnose und dient dazu, dass sich der Boykott Ihres Selbst nicht mehr unbewusst abspielt.

Als Nächstes brauchen Sie eine Antwort auf die Frage: Wie bekomme ich das alte Zeug aus dem Kopf? Sie benötigen Strategien, mit denen Sie die mentalen Hindernisse wegräumen und ein neues Selbstgefühl aufbauen können. Es geht darum, Ihre »Geschichte«, wie es Stephen Joseph nennt, umzuschreiben. Sie ist nämlich nicht wahr! Was Sie in frühen Jahren über sich aufgenommen haben, sind lediglich die subjektiven Meinungen und

Urteile Ihrer Umgebung. Sie halten sie nur deshalb für unveränderliche Gesetze, weil Sie sie in einer Phase Ihrer Entwicklung aufgenommen haben, in der Sie ungeheuer beeinflussbar waren. Tatsache ist jedoch: Die Wahrheit über Sie kennen nur Sie allein. Sie liegt seit Ihrer Geburt in Ihnen und wartet darauf, endlich entdeckt und gelebt zu werden. Und dazu ist es notwendig, dass Sie jetzt erst einmal die Altlasten entsorgen.

Hinderliche Überzeugungen auflösen

Nun geht es darum, die vertrackten Glaubenssätze loszuwerden, die Sie an der Entfaltung Ihres Selbst hindern. Doch ich will ehrlich sein: Das ist nicht so einfach, auch wenn Sie es sich sehnlich wünschen und manche Ratgeber ihren Leserinnen in diesem Punkt einen Rosengarten versprechen. Ich gebe zu, ich höre selbst gerne Podcasts, in denen mir eine sanfte Stimme erklärt, dass ich einzigartig und ein Geschenk für die Menschheit bin und alles erschaffen kann, was ich mir vorstelle. In meinem Regal stehen auch diverse aufbauende Bücher, deren AutorInnen mir versichern, dass ich mit der richtigen Zielsetzung garantiert das Leben erreiche, von dem ich träume. Aber ich war lange genug Psychotherapeutin, um zu wissen: Das sind Streicheleinheiten für die Seele, doch sie allein verändern wenig. Sie wirken eher wie eine Kopfschmerztablette: Die mildert das Symptom, heilt aber nicht. Sich von Altlasten zu befreien ist intensive Arbeit. Das klingt anstrengend? Stimmt. Und ich kann gut verstehen, wenn Sie sich angesichts dieser Aufgabe eher nach Veränderung light sehnen und es am liebsten hätten, dass Sie jemand mit einer Zauberformel erlöst. Das geht uns allen so. Doch was so lange gebraucht hat, um in Ihrem Kopf zu entstehen, ist leider kaum mit ein paar liebevollen Sätzen zu vertreiben. Dazu gehören psychologisches Know-how sowie gezielte Techniken und Strategien, mit denen Sie innerlich vorwärtskommen und Umwege vermeiden. Sie brauchen Antworten auf die Fragen: »Was mache ich, wenn mir ein hinderlicher Gedanke durch den Kopf geht? Wenn ich gefühlsmäßig im Keller bin, weil genau das wieder passiert ist, was ich erwartet habe? Wenn meine Veränderung nicht anhält und ich trotz aller Anstrengung den Eindruck habe, ich hätte mich innerlich kein Stück weiterbewegt? Genau dann ist es wichtig zu wissen, was Sie dagegen tun können.

Außerdem brauchen Sie nach dem Motto »Es gibt nichts Gutes, außer man tut es« Willensstärke und Disziplin, sonst nutzt auch das beste Wissen nichts. Das erlebe ich immer wieder in meinen Coachings für Persönlichkeitsentfaltung. Dabei erkunden die Klientinnen gemeinsam mit mir, wo ihre inneren Hindernisse liegen, und erarbeiten konkrete Schritte, wie sie die Hürden überwinden können. Am Ende haben sie eine individuelle To-do-Liste, die ihnen die Chance gibt, ihre Ziele zu erreichen. Ich bitte sie darum, mir später mitzuteilen, wie gut ihnen die Umsetzung im Alltag gelingt. Die Rückmeldungen sind jedoch unterschiedlich:

Einige Klientinnen sind schon auf dem Sprung und haben nur darauf gewartet, endlich das passende Handwerkszeug zu bekommen. Weil sie nun wissen, was sie tun können, legen sie los und erreichen bald die gewünschten Resultate oder zumindest eine deutliche Verbesserung. Das zeigt eine Mail, die ich von einer 45-jährigen Ingenieurin bekam und die mit dem Satz beginnt: »Nichts ist mehr so, wie es war.« Darin zählt sie auf, was sie in den Monaten nach ihrem »Aha-Erlebnis« beim Coaching alles geändert hat: Sie ist umgezogen, hat über eine Online-Kontaktbörse einen liebevollen Partner kennengelernt sowie das Verhältnis zu ihrer Tochter verbessert, ihren Bekanntenkreis erweitert und sich in der Männerdomäne ihrer Firma selbstbewusster durchgesetzt. Ich war beeindruckt. Schon eine einzige Veränderung wäre ein Erfolg gewesen.

Aber dann gibt es auch andere Klientinnen. Sie sind zunächst genauso froh, endlich zu wissen, wo es hakt und wie sie das beheben können – aber sie finden bald gute Gründe, warum ihnen das doch nicht möglich ist. Die Vergangenheit wäre zu belastend, die ließe sie nicht los. Zudem wären die äußeren Umstände so, dass sie daran wenig ändern könnten.

Ich will gar nicht bestreiten, dass es manche Menschen schwerer haben als andere, aber ich glaube, dass der wahre Grund eher eine tiefsitzende Angst vor Veränderung ist. So quälend eine negative Sichtweise auf die eigene Person auch sein mag, sie ist doch vertraut. Sich davon zu verabschieden fühlt sich an, als wäre man plötzlich heimatlos. Und in gewisser Weise ist das auch so. Ohne die alten Glaubenssätze stehen oft große Änderungen an. Man müsste sich etwa von einem lieblosen Partner trennen, sich von pessimistischen Freunden verabschieden, Kollegen oder dem Chef die Stirn bieten oder sogar die Arbeitsstelle wechseln.

Solche gravierenden Maßnahmen erfordern nicht nur Mut, sondern auch die Gewissheit, auf dem richtigen Weg zu sein. Und ausgerechnet die ist gerade am Anfang oft ziemlich gering. Es ist nicht verwunderlich, wenn Ihnen vehement Zweifel am eigenen Verhalten kommen: »Bin ich vielleicht doch zu egoistisch?«, »Ist das die ganze Aufregung wert?« Selbstbeschwichtigungen umfliegen Sie wie Fledermäuse im dunklen Turm: »Ach komm, so schlimm ist der Status quo nun auch wieder nicht.« Doch darauf dürfen Sie nicht hereinfallen. Ihr Unterbewusstsein fährt mit den jeweiligen Glaubenssätzen und dem dazugehörigen Verhalten seit Jahren auf Autopilot und soll nun plötzlich umschalten? Verständlich, dass es sich wehrt und dabei sämtliche Register zieht. Es schickt Ihnen das Gefühl von Unfähigkeit,

Unsicherheit, Scham oder Schuld. Sie fühlen sich fremd mit sich selbst. Dabei sind Sie sich näher als je zuvor.

Außerdem ist ein langer Atem nötig. Gelegentlich ein neues Denken oder Verhalten auszuprobieren reicht nicht aus. Die Tools müssen so lange angewandt werden, bis sie Ihnen zur Gewohnheit geworden sind. Das ist anstrengend. Fragen Sie sich ehrlich: Sind Sie dazu bereit? Haben Sie den Mut, neuen Seiten von sich zu begegnen, dauerhaft anders zu denken und zu handeln als bisher?

Wenn ja, möchte ich Ihnen gerne das Handwerkszeug dafür zeigen.

Protokollieren Sie, welche Auslöser Ihre Glaubenssätze aktivieren

Ihre Glaubenssätze schweben nicht im luftleeren Raum, sie machen sich an konkreten Situationen fest. Wenn Sie meinen, die zweite Reihe wäre für Sie passend, gibt es eventuell eine Freundin, die in Ihrer Anwesenheit immer die erste Geige spielen möchte. Wenn Sie sich nicht gut genug fühlen, stecken Sie vielleicht bei einer Gehaltsforderung zurück. Die Überzeugung »Ich darf nicht auffallen« zeigt sich möglicherweise in der Umkleidekabine der Boutique, wenn Sie zwischen zwei Kleidern wählen. Um herauszufinden in welchen Situationen sich Ihr Glaubenssatz auswirkt, beginnen Sie am besten mit einem schriftlichen Protokoll. Dazu genügt ein Taschenkalender mit Datumsangaben, in den Sie stichwortartig die Ergebnisse Ihrer Selbstbeobachtungen eintragen. Ist dazu tagsüber keine Zeit, können Sie das abends in der Rückschau nachholen. Ziel der Beobachtung ist herauszufinden: »Wann, wo, wie und wie oft manifestiert sich mein Glaubenssatz? Ähneln sich die Situationen? Was geht mir dabei durch den Kopf? Sind es immer dieselben Gedanken, zum Beispiel ›Ich bin nicht gut genug‹ oder ›Eigentlich gehöre ich hier nicht her‹? Wie verhalte ich mich? Ist das immer gleich oder gibt es Abweichungen?«

Wenn Sie das Protokoll einen Monat lang führen, wissen Sie, welche Auslöser Ihren stärksten Glaubenssatz aktivieren und zu den entsprechenden Gedanken und Gefühlen führen.

Karen, 38, Optikerin, stellt fest, dass sie sich vor allem selbstbewussten Kolleginnen gegenüber »nicht gut genug« fühlt. Sie nimmt von vornherein an, die wüssten mehr als sie. Daraufhin wird sie unsicher und traut sich nicht, Fragen zu stellen, um nicht inkompetent zu wirken.

Birgit, 43, Reiseleiterin, reagiert abweisend, wenn ein Urlauber ganz harmlos mit ihr flirten will. Komplimente oder gar Berührungen vertragen sich nicht mit ihrem Glaubenssatz, sie dürfe nicht sexy sein. Durch den Kopf gehen ihr Gedanken wie »Der glaubt wohl, ich bin leicht zu haben« und »Der macht sich doch nur über mich lustig«. Sie spürt, wie sie sich verspannt, und ihr fällt nichts ein, was sie sagen könnte.

Frida, 37, Autorin, leidet unter dem Gefühl, nicht wirklich dazuzugehören. Als sie kürzlich zum abendlichen Treffen eines Journalisten-Netzwerkes eingeladen wurde, überlegte sie ernsthaft, wegen angeblicher Magenverstimmung abzusagen. Wie immer bei Einladungen hätte sie sich am liebsten vor dem erwarteten Gefühl der Isolation gedrückt.

Ein Trick, um den eigenen hinderlichen Glaubenssatz in einer Situation besonders schnell aufzuspüren, ist, ihn zu personifizieren und ihm einen Namen zu geben. Etwa »Die Außenseiterin«, »Die Perfektionistin«, »Das nette Mädchen«, die »Arme Maus«, »Die Bescheidene«. Dann können Sie leichter feststellen: »Aha, da ist sie wieder!« Außerdem hat das den Effekt, dass Sie Distanz zu dem negativen Gedanken gewinnen.

Elena, 36, Illustratorin, hat ihrem Glaubenssatz »Ich werde nicht gesehen« den Namen »Das verkannte Genie« gegeben. Immer wenn eine Kollegin, die ihrer Ansicht nach eindeutig nicht so gut ist wie sie, einen lukrativen oder prestigeträchtigen Auftrag erhält, ist Elena deprimiert. Sie fühlt sich übergangen und unfair behandelt, der Tag ist für sie gelaufen. Gedanken wie »Ich kann mich anstrengen wie ich will, mich nimmt man einfach nicht wahr. Dann kann ich es auch gleich sein lassen« beherrschen sie. Nicht gerade förderlich, um etwas zu erreichen. Wenn sie nun »Das verkannte Genie« identifiziert, sagt sie innerlich: »Hallo, da bist du ja wieder!« Das verhindert, dass sich Elena in diesem Gefühl verliert.

Bieten Sie einer schädlichen Einstellung Paroli

Nach der Beobachtung kommt der aktive Teil. Jetzt geht es darum, Gegenmaßnahmen zu ergreifen. Sie müssen Ihrem negativen Glaubenssatz mit einem schlagkräftigen Argument begegnen. Allerdings reicht es selten aus, nur simpel das Gegenteil zu behaupten. Wie eine versierte Anwältin, die das Gericht überzeugen möchte, müssen Sie schlagkräftige Argumente finden. Was also können Sie sich sagen, wenn Sie wieder zu viel arbeiten, weil Sie meinen, Sie seien nur wertvoll, solange Sie nützlich sind? Vielleicht: »Es steht mir zu, auch mal faul zu sein. Andere gönnen sich das schließlich auch. Außerdem kann man nur aus einem vollen Krug ausgießen. Durch Erholung tanke ich neue Kraft.« Oder wenn Sie sich dabei ertappen, dass Sie bei der Anmeldung der Urlaubstermine in der Firma wieder hinter den Wünschen Ihrer Kollegen zurückstehen, weil es Ihnen Ihr Glaubenssatz »Ich bin nicht wichtig« nahelegt? Dann hilft möglicherweise: »Ich habe genauso das Recht wie die anderen, auf meinem

Wunschtermin zu bestehen. Es ist völlig in Ordnung, dass ich auch für mich sorge.«

So oder ähnlich kann sich das anhören. Feilen Sie so lange an Ihrem Gegen-Satz, bis er für Sie stimmt. Es lohnt, sich dafür Zeit zu nehmen, denn dann haben Sie ein Repertoire, auf das Sie jederzeit zurückgreifen können. Falls Ihnen absolut nichts einfällt, womit Sie Ihrem alten Glaubenssatz widersprechen können, hilft diese Frage: »Was würde denn in dieser Situation eine Frau denken, sagen und fühlen, die mein Problem nicht hat?« Vielleicht haben Sie dabei sogar ein Vorbild aus Ihrem Umfeld vor Augen. Schmücken Sie sich gerne mit fremden Federn.

Den negativen Glaubenssätzen auf die Spur zu kommen und sie aufzulösen, muss trotz allem Einsatz nicht spaßbefreit sein. Sehen Sie es sportlich, wie eine meiner Seminarteilnehmerinnen. Nach einem intensiven Training sagte sie mit funkelnden Augen: »Bisher habe ich unter meinen Glaubenssätzen gelitten, aber jetzt freue ich mich richtig darauf, ihnen Kontra zu geben.«

Doch bei allem Schwung eine kleine Warnung: Rechnen Sie auch damit, dass es Ihnen nicht immer gelingt, Ihre Glaubenssätze zu neutralisieren. Sie werden manchmal spontan in alte Verhaltensmuster zurückfallen, besonders wenn Sie erschöpft oder aufgeregt sind. Das ist völlig normal und kein Grund, die Flinte ins Korn zu werfen. Wenn Sie in der Realität versagt haben, können Sie immer noch in der Fantasie gewinnen. Suchen Sie einen ruhigen Ort auf, an dem Sie ungestört sind. Entspannen Sie sich und schließen Sie die Augen. Stellen Sie sich nun intensiv die Situation vor, in der Sie Ihr alter Glaubenssatz wieder einmal überwältigt hat. Doch jetzt ändern Sie die Szene in Ihrer Vorstellung so ab, wie sie idealerweise verlaufen würde. Sie haben sich im Meeting klein und wertlos gefühlt und nicht gewagt, den Mund aufzumachen? In der neuen Version setzen Sie sich aufrecht hin, lassen Ihren Blick in die Runde schweifen und sagen selbstbewusst Ihre Meinung. Sie haben sich wieder vor einer Einladung gedrückt, weil Sie sich vor dem Kontakt mit anderen fürchteten? Dann sehen Sie sich jetzt, wie Sie dankend annehmen, sich etwas Schönes anziehen und sich auf der Party amüsieren.

Dabei handelt es sich nicht um nutzlose Tagträumerei, sondern um einen Trockenkurs, mit dem Sie sich auf die nächste Herausforderung vorbereiten. Ihr Unterbewusstsein nimmt diese neue Art, sich zu verhalten, auf und kann sie später abrufen.

Stoppen Sie Ihre negativen Gedanken

Wenn trotz bester Gegenstrategien verunsichernde Gedanken immer wieder auftauchen, handelt es sich wahrscheinlich um »Lieblingsgedanken«, an die Sie sich seit Jahren so gewöhnt haben, dass sie einfach nicht verschwinden wollen. Dann empfiehlt es sich, mit ihnen umzugehen wie mit einem ungezogenen Kind, das wütend seinen Willen durchsetzen möchte. Mit dem diskutiert eine Mutter meist nicht lange, sondern sagt ihm klipp und klar: »Schluss jetzt!« Verfahren Sie mit Ihren hartnäckigen Gedanken ähnlich energisch. Sagen Sie innerlich: »Halt! Dieser Gedanke ist schädlich, ich will ihn nicht denken.« Wiederholen Sie das so oft wie nötig. Falls Sie gerade allein sind, können Sie den Effekt noch verstärken, indem Sie laut »Stopp!« rufen und dabei mit der Faust auf den Tisch schlagen.

Vielleicht kommt Ihnen das jetzt seltsam vor, aber Ihre Gedanken über die jeweilige Situation entscheiden, ob Sie sich schwach oder stark fühlen, ob Sie versagen und zurückschrecken oder Energie und Selbstvertrauen gewinnen. Ändern Sie Ihren Glaubenssatz, dann ändert sich auch Ihr Gefühl, und Sie sind in der Lage, anders als bisher zu reagieren. Deshalb kann ich Ihnen nur ans Herz legen: Verwandeln Sie Ihre hinderlichen Meinungen über sich in unterstützende. Oder um es zeitgemäß auszudrücken: Programmieren Sie sich neu.

Auch wenn Ihnen das einiges abverlangt, ist es doch fabelhaft, dass Sie von niemandem abhängig sind, um sich aufzubauen. Sie können sich selbst sagen: »Ich bin einzigartig. Ich bin ein Geschenk für die Menschheit. Ich kann meine Ziele erreichen.« Aber jetzt haben diese Aussagen im Gegensatz zu bloßem Wunschdenken ein tragfähiges Fundament.

Verzeihen – ein Schlüssel zur Freiheit

Ihre Kindheit ist zwar besonders prägend, doch es ist natürlich nicht die einzige Zeit, in der Ihr Selbst beeinträchtigt werden kann. Ebenso heftig wirken sich manche negativen Erfahrungen in späteren Jahren aus. Sie können Ihr Selbstvertrauen erschüttern und dazu führen, dass Sie nicht mehr so frei leben, wie es eigentlich möglich wäre. Dabei hindert Sie dann keine unbewusste Einstellung, wie es bei vielen Glaubenssätzen der Fall ist, sondern im Gegenteil: Nun wirkt sich ein sehr bewusstes Erlebnis aus. Das heißt, Sie leiden noch immer unter einer üblen Geschichte, die Ihnen in der Vergangenheit passiert ist.

So wie Amelie, eine 45-jährige Grafikerin. Durch die offenbar falsche Behandlung eines Orthopäden muss sie monatelang Schmerzen ertragen und behält eine Gehbehinderung zurück. Wütend sagt sie: »Und dieser Pfuscher kommt auch noch ungestraft davon. Kein Wunder, eine Krähe hackt ja der anderen kein Auge aus.« Seitdem ist aus der lebenslustigen Frau eine verbitterte geworden, die, statt sich mit Freunden zu treffen, online in Patientenforen unterwegs ist und sich hauptsächlich damit beschäftigt, doch noch irgendwann juristisch recht zu bekommen, obwohl das längst aussichtslos ist.

Oder wie Corinna, 34, die sich einen Partner wünscht. Über eine Online-Partnerbörse lernt sie einen Mann kennen, in den sie sich verliebt. Der macht ihr erst ernsthaft Hoffnungen, spricht sogar von Zusammenziehen, meldet sich dann aber von einem auf den anderen Tag nicht mehr. Seitdem will Corinna mit Männern nichts mehr zu tun haben und verleugnet ihre Sehnsucht nach einer Familie.

Vielleicht spüren Sie immer noch heftige Emotionen wie Wut, Verletzung oder Enttäuschung, sobald Sie an diejenigen denken, die Ihnen geschadet haben, die Ihr Vertrauen missbraucht und Ihnen Dinge angetan haben, unter denen Sie bis heute leiden. Der Gedanke daran zieht Sie immer wieder in die alten Zustände zurück. In so einem Fall bedarf es eines besonderen Schrittes, um sich zu befreien: Sie sollten den anderen Menschen vergeben. Wenn Sie noch immer unter einer Verletzung leiden, denken Sie jetzt vermutlich: »Das verzeihen? Niemals!« Jedenfalls wäre das im Prinzip eine gesunde Reaktion. Schließlich wird uns Frauen von Kindesbeinen an nahegelegt, wir müssten Verständnis zeigen und uns in andere einfühlen. Irgendwann sollte damit Schluss sein. Doch hier geht es nicht darum, wider besseres Wissen jemanden edelmütig freizusprechen. Gemeint ist vielmehr, dass Sie Ihren inneren Hader aus purer Selbsterhaltung aufgeben. Solange Sie sich nämlich an altem Groll und Schmerz festklammern, bleiben Sie im Bann dieser Gefühle und sind nicht frei für neue Wege.

Dabei gibt es auch indirekte Formen, anderen nicht zu verzeihen und damit am Status quo festzuhalten. Etwa, indem Sie Ihren beruflichen Erfolg sabotieren, Psychopharmaka schlucken, verhängnisvolle Affären eingehen oder zu viel trinken – nur um zu beweisen, wie schlimm sich die Kränkung bis heute auf Sie auswirkt. Oder Sie vermeiden es, neue Kontakte zu knüpfen, um nicht noch einmal so verletzt zu werden. Solche Gefühle blockieren Ihr Selbst, weil Sie sich auf diese Weise kein neues Glück erlauben. Solange Ihre Erinnerung noch mit heftigen negativen Empfindungen besetzt ist, sind Sie nicht wirklich unabhängig. Verzeihen ist da eines der besten Gegenmittel. Die Art von Verzeihen, die ich meine, bedeutet keine Zustimmung, sondern ein inneres Loslassen. Zwar bleibt die Erinnerung an die Geschehnisse bestehen, doch die belastenden Gefühle intensiver Wut, Angst oder Bitterkeit werden am Ende aufgelöst.

Lingos Methode des Verzeihens

Um Befreiung zu erreichen, bieten einige in der Psychotherapie angewandte Methoden eine gute Hilfe. Besonders interessant finde ich die des amerikanischen Gehirnforschers T. D. A. Lingo. Er hat eine Technik entwickelt, mit der man die Folgen unangenehmer Erlebnisse mittels der eigenen Vorstellungskraft neutralisieren kann. Dahinter steckt mehr als nur das bekannte Visualisieren einer erwünschten Situation. Lingos Fünf-Schritte-Programm beruht auf Ergebnissen der Gehirnforschung.

Dazu vorab ein kleiner Exkurs über das menschliche Gehirn: Es besteht aus drei Teilen, die zwar miteinander verbunden sind, aber jeweils eine eigene Funktion haben. Das Reptiliengehirn kontrolliert die Überlebensstrategien wie Puls, Atmung und die Selbstverteidigungsmechanismen Flucht und Kampf. Das limbische System fügt den primitiven Grundfunktionen Emotionen und soziales Verhalten hinzu. Es bewirkt, dass es uns gut oder schlecht geht. Im limbischen System gibt es die Amygdala (Mandelkern), eine Zentrale für unser emotionales Gedächtnis. Sie schaltet wie ein Kippschalter entweder zurück zum Reptiliengehirn auf negative Gefühle wie Angst, Aggression und Flucht oder vorwärts zum Stirnlappen, was zu Wohlgefühl und zur Aktivierung unserer intuitiven Intelligenz führt. Beim Großhirn (Neokortex) und den Stirnlappen handelt es sich um einen hoch entwickelten Teil. Mit ihm erkennen wir Ursache und Wirkung, werden Denkprozesse und Handlungen angeregt. Hier kommt es zur Verarbeitung von Sprache und Musik, befindet sich der Sitz der Kreativität sowie der Fähigkeit zu Planung und Einsicht.

Lingos Programm bringt die in der Vergangenheit konditionierten Reflexe vom Reptiliengehirn und die damit verbundenen Emotionen vom limbischen System unter die Kontrolle des Stirnlappens, indem es die Amygdala in eine positive Richtung umschaltet. Klingt ziemlich kompliziert? Man kann es auch so beschreiben: Sie haben in der Vergangenheit eine für Sie schmerzhafte Situation in Ihrem Gedächtnis gespeichert. Sobald Sie heute in eine ähnliche Lage geraten oder jemand genau diesen wunden Punkt bei Ihnen trifft, reagieren und fühlen Sie automatisch so wie damals, etwa ängstlich, gehemmt, wütend, traurig oder hilflos. Schlimmstenfalls befinden Sie sich dauerhaft in diesem Zustand, weil Sie geistig immer wieder zu dem Erlebnis zurückkehren. Dieser Automatismus lässt sich mithilfe Ihrer Vorstellungskraft auflösen und so verändern, dass Ihre ursprüngliche Einstellung oder Ihr ehemaliges Verhalten Sie in Zukunft nicht mehr beeinflussen. Dabei hat jeder Schritt des Programms auf der Basis der Gehirnfunktionen seine besondere Bedeutung:

- Mit dem ersten Schritt vergegenwärtigen Sie sich noch einmal das Geschehen mit allen Emotionen.
- Der zweite Schritt nimmt Ihnen den damit verbundenen emotionalen Schmerz und setzt Ihr Gefühlsbarometer auf null.
- Mit dem dritten Schritt versorgen Sie Ihr Gehirn mit positiver Energie.
- Die Schritte vier und fünf festigen die Neuprogrammierung durch ein freudiges Gefühl.

So trainieren Sie Verzeihen à la Lingo

Wenn Sie möchten, können Sie das gleich ausprobieren. Nehmen Sie sich ein Erlebnis vor, von dem Sie glauben, dass es Sie bis heute negativ beeinflusst. Dabei spielt keine Rolle, ob es erst in der vergangenen Woche passiert ist oder schon dreißig Jahre zurückliegt. Entscheidend ist, wie bedeutsam die Erfahrung gegenwärtig für Sie ist. Vielleicht sind Sie als Teenager vor der ganzen Klasse von Ihrer Deutschlehrerin gedemütigt worden, als Sie ein Referat vortrugen. Das war der Urknall dafür, dass Sie bis heute in Panik geraten, wenn Sie vor mehr als drei Leuten sprechen sollen. Oder man hat Sie an Ihrer vorigen Arbeitsstelle gemobbt. Seither sind Sie misstrauisch gegenüber allen Kolleginnen und Kollegen.

Bevor es losgeht, noch ein wichtiger Hinweis: Manche Erlebnisse sind so gravierend, dass Sie sich nicht allein daran erinnern sollten, wie etwa schwere seelische oder körperliche Misshandlungen. Suchen Sie sich in dem Fall für diese Übung unbedingt eine kompetente Begleitung, der Sie vertrauen und in deren Gegenwart Sie sich sicher fühlen. In weniger dramatischen Fällen dürfen Sie die Übung aber durchaus allein durchführen. Gehen Sie die folgenden Schritte der Reihe nach durch und überspringen Sie bitte keinen.

Das Vergebungsprogramm

- Erinnern Sie sich an den ursprünglichen Handlungsverlauf. Auch wenn es schmerzt, rufen Sie sich das unangenehme Ereignis ins Gedächtnis. Lassen Sie es noch einmal in allen Einzelheiten so vor Ihrem geistigen Auge ablaufen, als würde es aktuell geschehen. Sehen Sie sich in der Situation, hören Sie die Worte, die gesprochen wurden, erleben Sie das Gefühl, das Sie seinerzeit hatten.

- Schalten Sie in den Selbstverteidigungsmodus um.
  Stellen Sie sich nun die gleiche Situation abermals vor. Aber diesmal holen Sie sich eine/n mächtige/n Verbündete/n an die Seite. Malen Sie sich aus, wie diese Person Sie beschützt und verteidigt. Dabei dürfen Sie auch Ihrem Bedürfnis nach Vergeltung voll nachgeben. Genießen Sie es in Ihrer Fantasie ohne schlechtes Gewissen, knallharte Rambo-Rache an denjenigen zu üben, die Sie gepeinigt haben.
- Nehmen Sie eine positive Sichtweise ein.
  Gehen Sie die ursprüngliche Erinnerung erneut durch. Doch jetzt schauen Sie sich die Situation mit Liebe, großem Mitgefühl und Weisheit an. Sie sehen hinter die Kulissen. Es fällt Ihnen wie Schuppen von den Augen und Sie erkennen plötzlich die Ursachen und den tiefen Sinn dessen, was geschehen ist. Spüren Sie, wie sich Ihr Gefühl dadurch zum Positiven verändert.
- Visualisieren Sie sich selbst bei Ihrer Siegesfeier.
  Jetzt folgt die emotionale Belohnung für Ihre geistige Veränderung. Sehen Sie sich in einem Cabrio winkend durch Ihr Wohnviertel fahren. Alle Welt feiert mit Ihnen und lässt Sie hochleben, weil Sie die kritische Situation geistig überwunden haben. Die Nachbarn werfen Konfetti aus dem Fenster, eine Musikkapelle spielt Freudenmärsche, Champagnerkorken knallen.
- Nehmen Sie an der Preisverleihung teil.
  Sie haben großartige Arbeit geleistet beim Neuprogrammieren Ihres Erinnerungsfilms. Deshalb überreicht man Ihnen jetzt etwas weit Bedeutenderes als einen Oscar: Den Erinnerungsfilmpreis! Unter dem Jubel des begeisterten Publikums halten Sie die Trophäe hoch.

Lingos Programm ist in Bezug auf einzelne, klar definierbare Ereignisse sehr effektiv. Es kann wie eine Löschtaste auf Ihrem geistigen Bildschirm wirken und Ihnen eine wunderbare Befreiung schenken.

Der leere Stuhl

Negative Erlebnisse lassen sich auch mit der Technik des »leeren Stuhls« verarbeiten, die in der Gestalttherapie viel benutzt wird. Vielleicht erscheint sie Ihnen zunächst künstlich oder lächerlich. Wenn Sie sich jedoch darauf einlassen, merken Sie, wie wirkungsvoll diese Übung ist. Obwohl ich diese Methode seit vielen Jahren anwende, bin ich immer wieder erstaunt, wie viel stärker die sinnliche Erfahrung im Vergleich zu bloßem Reden ist. Probieren Sie aus, ob diese Technik zu Ihnen passt. Und brechen Sie bitte gleich ab, wenn Sie sich in irgendeiner Weise unwohl fühlen oder zu starke Emotionen hochkommen. In dem Fall machen Sie die Übung lieber zusammen mit einer psychologisch geschulten Person.

- Stellen Sie einen leeren Stuhl in einem für Sie passenden Abstand vor sich hin. Setzen Sie in Ihrer Fantasie den Menschen darauf, von dessen Einfluss Sie innerlich loskommen möchten. Malen Sie sich aus, in welcher Körperhaltung er vor Ihnen sitzt und wie er Sie anschaut.
- Sprechen Sie laut alles aus, was Sie ihm immer schon sagen wollten. Spüren Sie dabei, was an Schmerz, Wut oder Liebe noch in Ihnen steckt. Wenn Ihnen danach ist, dann weinen, schimpfen oder schreien Sie. Alles ist erlaubt.
- Sobald Sie das Gefühl haben, Sie hätten ausgedrückt, was noch an Gefühlen gegenüber diesem Menschen in Ihnen steckt, sagen Sie laut und deutlich: »(Name), ich verzeihe dir.«

Wenn Sie den Satz »Ich verzeihe dir« das erste Mal aussprechen, wird er sicher eher ein Lippenbekenntnis sein, als Ihre tatsächliche Empfindung auszudrücken. Mal ehrlich, im Grunde möchten Sie den anderen gar nicht so einfach aus der Verantwortung entlassen. Viel lieber sähen Sie, dass er – sofern er noch lebt und erreichbar ist – endlich reuevoll zugibt, was er Ihnen angetan hat. Oder dass es ihm so richtig mies geht und er auch einmal erlebt, was Leiden bedeutet. Geben Sie trotzdem nicht gleich auf. Machen Sie die Übung mehrmals, bis Sie innerlich wirklich spüren: »Jetzt bin ich damit durch. Ich habe endgültig losgelassen.« Sehen Sie es als eine Art seelischen Machtkampf an, den Sie in sich austragen. Tatsächlich streiten sich in Ihnen widersprüchliche Kräfte: Ein Teil Ihrer Persönlichkeit fordert Genugtuung, der andere will endlich frei von altem Leid werden. Das Verhältnis dieser Kräfte zueinander kann eine ganze Weile zu einer inneren Pattsituation führen. In dem Fall finde ich einen Satz des amerikanischen Familientherapeuten Carl Whitaker hilfreich. Er stellt seinen Klienten gerne die Frage: »Wollen Sie recht behalten oder wollen Sie glücklich sein?« Manchmal ist es besser, nicht auf Gerechtigkeit zu pochen, um endlich wieder innerlich frei zu sein.

Und wenn Sie nicht verzeihen können?

Sie haben alles versucht, aber das Verzeihen funktioniert auch mit der besten Methode nicht, weil sich alles in Ihnen dagegen sträubt? Die Verletzungen sind einfach zu groß? Dann sollten Sie sich nicht länger unter Druck setzen, zähneknirschend nach dem Motto: »Ich muss vergeben, sonst werde ich das nie los.« In einer solchen Situation ist ein anderer Ansatz hilfreich: Akzeptieren Sie die Tatsache, dass Sie nicht vergeben können – und lassen Sie es dann auf sich beruhen. Erstaunlicherweise hat auch das einen heilsamen, befreienden Effekt. Das Geheimnis besteht darin, dass Sie sich damit selbst verzeihen, dass Sie ein verletzlicher Mensch sind. Statt krampfhaft vergeben zu wollen, akzeptieren Sie mit Selbstmitgefühl und ohne Stress, dass es Ihnen unmöglich ist zu verzeihen – und dass das in Ordnung ist. Sie werden spüren, wie auch auf diese Weise innerer Frieden in Ihr Herz kommt.

Feiern Sie Ihre Befreiung

Wenn Sie sich mithilfe einer dieser Techniken von den Auswirkungen Ihrer Vergangenheit gelöst haben, sind Sie ein gutes Stück weitergekommen auf dem Weg zu einem neuen, freien Leben. Sie haben Teile Ihres alten Musters erkannt und begonnen, es abzulegen. Sie haben sich von überholten Gefühlen befreit und neue Einstellungen und Verhaltensweisen gewonnen. Eine ganze Menge, nicht wahr? Das Ergebnis dürfte sein, dass Sie die Energie, die bisher an Personen oder Ereignisse gebunden war, für sich selbst zurückerobert haben.

TEIL II:
INNERE WEGE ZUM SELBST

100 Fragen an Ihr Selbst

Sobald Sie die meisten hinderlichen Gedanken gestoppt oder in nützliche verwandelt haben, können Sie den Blick freier auf Ihr wahres Selbst richten. Um es (wieder) zu entdecken, lohnt es sich herauszufinden, was für Sie wirklich emotional bedeutsam ist. Dabei müssen Sie sich mit Themen auseinandersetzen, die in die Tiefe gehen: »Was gibt meinem Leben Bedeutung?«, »Was macht mich aus?«, »Was macht mich glücklich?« Das ist noch keine Suche nach neuen Ideen, sondern ein Erspüren. Was ist schon in Ihnen angelegt? Welche Vorlieben, Kompetenzen und Interessen bringen Sie mit?

Zum Einstieg können Sie Fragen leiten, die auf Ihre Gefühle im positiven und negativen Sinne abzielen. Am Ende ergeben die Antworten ein Kaleidoskop dessen, was Sie wirklich bewegt. Vielleicht kommt in einigen Aspekten etwas völlig anderes dabei heraus, als Sie erwartet haben. Eine Klientin von mir, eine ehrgeizige Rechtsanwältin, hat zum Beispiel festgestellt, dass ihr berufliche Erfolge offenbar weniger wichtig sind, als sie bisher geglaubt hat. Ihre glücklichsten Momente fand sie in der Liebe und in der Natur und nicht etwa, als sie zur Partnerin in ihrer Kanzlei befördert wurde.

Der folgende Fragenkatalog ist gewiss nicht vollumfassend, aber er ist ein guter Anfang, um sich besser kennenzulernen und einen genaueren Zugang zu sich selbst zu finden. Die Fragen sind bewusst nicht nach Themen geordnet, damit Sie sich immer wieder frisch darauf einlassen. Dabei gibt es keine falschen Antworten. Vor Ihrem inneren Auge oder in Ihrer Erinnerung wird schon das Richtige auftauchen. Sie können die

Fragen einfach durchgehen und sich dazu Gedanken machen, aber besser ist es, sie schriftlich zu beantworten. Vielleicht teilen Sie sie auch in Portionen ein, damit Ihre Konzentration nicht nachlässt.

Ich wünsche Ihnen jedenfalls viel Freude und viele Aha-Erlebnisse bei der Begegnung mit sich selbst.

1. Wann waren Sie zuletzt glücklich? Warum?
2. An welchem Ort/welchen Orten fühlen Sie sich zu Hause? Warum?
3. Was würden Sie aus heutiger Sicht Ihrem jüngeren Selbst raten?
4. Mit wem würden Sie gerne tauschen? Warum?
5. Wann haben Sie zuletzt auf Ihr Herz gehört? Was hat es Ihnen gesagt? Und wie haben Sie sich dann verhalten?
6. Für welche drei Dinge sind Sie besonders dankbar?
7. Wen lieben Sie? Bitte bringen Sie das in eine Rangfolge.
8. Welcher Gegenstand in Ihrer Wohnung beschreibt Sie am besten?
9. Wenn Sie eine Blume wären, welche wäre das? Warum?
10. Wenn Sie ein Tier wären, welches wäre das? Warum?
11. Welche drei Dinge hat Sie das Leben bis jetzt gelehrt?
12. Woran sollen sich die Menschen im Blick auf Sie erinnern, wenn Sie nicht mehr sind?
13. Welche drei Eigenschaften sollten wirklich gute Freunde für Sie haben?
14. Was hilft Ihnen, sich stark und mutig zu fühlen?
15. Was bereuen Sie, nicht getan zu haben? Was nehmen Sie daraus für die Zukunft mit?
16. Sind Sie beliebt? Wenn ja: Was glauben Sie, warum?
17. Ihre Wohnung brennt. Sie können gerade noch einen kleinen Koffer mit zehn Dingen retten. Welche wären das?
18. Was war Ihnen zuletzt peinlich?

19. Welche negative Eigenschaft verbergen Sie bewusst vor anderen?
20. Was ist Ihre Lieblingsfarbe? Was gefällt Ihnen daran besonders?
21. Haben Sie ein Laster? Wenn ja: Warum können Sie nicht damit aufhören?
22. Was ist Ihre früheste Kindheitserinnerung? Welches Gefühl ist damit verbunden?
23. Wem vertrauen Sie am meisten? Warum?
24. Glauben Sie an Schutzengel?
25. Glauben Sie an eine höhere Macht?
26. Mögen Sie Ihren Vornamen? Wenn nicht: Welchen würden Sie sich stattdessen aussuchen?
27. Was waren Ihre drei besten Entscheidungen im Leben?
28. Was war das schönste Kompliment, das Sie je erhalten haben?
29. Bei wem können Sie ganz Sie selbst sein?
30. Welche drei Charaktereigenschaften sind Ihnen bei anderen besonders wichtig?
31. Wie verbringen Sie am liebsten einen freien Tag?
32. Was ist Ihre beste Eigenschaft?
33. Was ist Ihre schlechteste Eigenschaft?
34. Welche drei Dinge in Ihrem Leben bereuen Sie?
35. Glauben Sie an ein Leben nach dem Tod?
36. Wohin möchten Sie unbedingt einmal verreisen?
37. Wen bewundern Sie? Warum?
38. Wofür geben Sie am liebsten Geld aus?
39. Welche drei Dinge können andere von Ihnen lernen?
40. An wem würden Sie sich gerne rächen? Warum? Und wie?
41. Welche Jahreszeit gefällt Ihnen am besten? Warum?
42. Was bedeutet Freundschaft für Sie?

43. Wann haben Sie sich das letzte Mal gelangweilt? Warum?
44. Sind Sie manchmal neidisch? Wenn ja: Auf wen? Warum?
45. Wie würden Sie leben, wenn Sie nur noch drei Jahre zu leben hätten?
46. Welchen guten Rat in einem einzigen Satz würden Sie einem Kind auf den Lebensweg mitgeben?
47. Was würden Sie tun, wenn Sie garantiert nicht scheitern könnten?
48. Was sind Ihre drei wichtigsten Werte?
49. Wo würden Sie leben wollen, wenn Sie die freie Wahl hätten?
50. Wann haben Sie das letzte Mal jemandem etwas Gutes getan? Wie haben Sie sich dabei gefühlt?
51. Was hätten Sie in Ihrem Leben gerne früher gewusst? Nutzen Sie dieses Wissen jetzt?
52. Was sind Ihre drei größten Ängste?
53. Welche Eigenschaft möchten Sie noch entwickeln? Warum?
54. Zu welchen Themen werden Sie von Freunden oder Bekannten um Rat gefragt?
55. Wagen Sie es, anderen Menschen Ihre Gefühle zu zeigen? Wenn nicht: Warum nicht?
56. Was hat Sie in der Vergangenheit besonders verletzt? Warum?
57. Wann haben Sie sich das letzte Mal inspiriert oder euphorisch gefühlt? Warum?
58. Was ist für Sie ein guter Mensch?
59. Welches Alter scheint Ihnen das beste zu sein? Warum?
60. Was denken Sie über Falten im Gesicht?
61. Glauben Sie an Seelenverwandtschaft? Wenn ja: Haben Sie eine/n Seelenverwandte/n? Was teilen Sie mit ihr/ihm?
62. Welche Frage würden Sie einem allwissenden Wesen stellen?

63. Welche drei Dinge würden Sie auf eine einsame Insel mitnehmen?
64. Gibt es einen Menschen, den Sie verachten? Wenn ja: Warum?
65. Gibt es etwas in Ihrem Leben, das Sie nicht verzeihen können? Wenn ja: Warum nicht?
66. Angenommen, Geld spielt keine Rolle – was würden Sie sich kaufen?
67. Was ist in der Liebe »Ihr Typ«? Was zieht Sie an ihm an?
68. Gibt es etwas, von dem Sie träumen, aber das Sie noch nicht gewagt haben zu tun? Wenn ja: Warum nicht?
69. Wie würde Ihr Traumhaus aussehen?
70. Über welches Thema könnten Sie ohne Vorbereitung 20 Minuten begeistert sprechen?
71. Welche drei Dinge sind Ihnen aktuell am wichtigsten im Leben?
72. Für welches Ereignis in Ihrem Leben sind Sie besonders dankbar?
73. Welche schlechte Angewohnheit wären Sie gerne los?
74. In welchen Situationen fühlen Sie sich unsicher? Warum?
75. Was würden Sie tun, wenn Sie auf niemanden Rücksicht nehmen müssten?
76. Was ist das Beste an Ihrem derzeitigen Beruf oder Ihrer Tätigkeit?
77. Welche historische Persönlichkeit würden Sie gerne einmal treffen?
78. Auf welche Veränderung in Ihrem Leben hoffen Sie für die Zukunft?
79. Welche Gedanken rauben Ihnen manchmal den Schlaf? Was tun Sie dagegen?
80. Über welches Geschenk haben Sie sich in der letzten Zeit am meisten gefreut?

81. Was soll auf Ihrem Grabstein stehen?
82. Was macht für Sie eine gute Partnerschaft aus?
83. Für welche Sache können Sie sich so begeistern, dass Sie dabei die Zeit vergessen?
84. Wie verbringen Sie nach einem stressigen Arbeitstag am liebsten Ihren Abend?
85. Was ist Ihr Lieblingslied und was bedeutet es Ihnen?
86. Wenn Ihr Leben ein Roman wäre, welchen Titel hätte er?
87. Was war das Verrückteste, das Sie je getan haben?
88. Was ist der für Sie persönlich wertvollste Gegenstand in Ihrer Wohnung?
89. Gibt es etwas, das Sie unbedingt noch erleben wollen? Was ist das?
90. Was ist Ihre größte Unsicherheit? Werden Sie sie jemals überwinden?
91. Was hat Sie zuletzt emotional sehr berührt?
92. Wenn Sie eine einzige Sache an der Menschheit ändern könnten, was wäre das?
93. Was war bisher Ihre größte Herausforderung im Leben?
94. Was war die härteste Arbeit, die Sie je verrichtet haben? Würden Sie sie rückwirkend betrachtet noch einmal tun?
95. Welche drei Dinge tun Sie, um einen guten Eindruck zu machen?
96. Wer war die einflussreichste Person in Ihrem Leben?
97. Wie alt möchten Sie werden?
98. Hat sich eine Meinung zu einem wichtigen Thema für Sie grundlegend geändert?
    Wenn ja: Wie kam das?
99. Welche Situation aus Ihrer Vergangenheit möchten Sie noch einmal erleben?
    Warum?
100. Welche Erfahrung hat Sie nachhaltig verändert?

Vielleicht haben Sie im Spiegel Ihrer Antworten nun einen neuen Aspekt oder eine bisher verdrängte Dringlichkeit gefunden. Insgesamt ergibt sich jedenfalls ein interessantes Profil. Stellen Sie sich nun vor, es würde zu einer Ihnen unbekannten Frau gehören. Wie finden Sie sie? Ist sie Ihnen sympathisch? Sehen Sie ihre Vorlieben und Stärken und kommen Sie mit ihren Schwächen zurecht? Und was würden Sie ihr raten, in Bezug auf ihre Einstellung, ihre noch ungelebten Träume und Ängste? Mit etwas Abstand sieht man immer klarer.

Wünsche zeigen den Weg zum Selbst

Die hundert Fragen haben Sie gewiss schon allgemein auf Ihre Bedürfnisse eingestimmt. Nun wollen wir uns um einen direkten Wegweiser zu Ihrem Selbst kümmern: Ihre Wünsche. Aber Achtung, Wunsch ist nicht gleich Wunsch. Sie müssen zunächst feststellen, welche Wünsche mit Ihrer Persönlichkeit verbunden sind.

Das duale System der Wünsche

Sämtliche individuellen Wünsche lassen sich in zwei Gruppen einteilen: In solche, die aus einem inneren Bedürfnis entstehen, und solche, die von außen geweckt werden. Ähnlich wie bei der Motivation kann man von »intrinsischen« und »extrinsischen« Wünschen sprechen. Das klingt ziemlich abstrakt, deshalb benutze ich lieber eine sinnliche Bezeichnung, die ursprünglich aus einem anderen Zusammenhang stammt, nämlich der Einstellung zum Essen. In ihrem Ratgeber *Psycho Diät* teilt das Autorenpaar Leonard und Lillian R. Pearson das Verlangen nach

Nahrungsmitteln in zwei Kategorien ein: In solche, die »winken«, und solche, die »summen«. »Winken« in Bezug auf Essen bedeutet, dass das Bedürfnis nicht von selbst entsteht, sondern durch äußere Reize hervorgerufen wird. Etwa so: Sie wollen beim Bäcker nur schnell ein Brot besorgen, da entdecken Sie in der Auslage frische Zimtschnecken. Die sehen so lecker aus. »Geben Sie mir davon bitte auch eine«, sagen Sie spontan zur Verkäuferin. Die Zimtschnecke hat eindeutig »gewinkt«.

»Summen« bedeutet, dass der Appetit auf ein bestimmtes Nahrungsmittel ohne äußere Verlockung entsteht. In Form von Heißhunger teilt uns unser Körper mit, dass er genau dieses Essen unbedingt braucht, sei es nun aus physischen oder seelischen Gründen. Angenommen, Sie sitzen gerade am Computer. Plötzlich taucht vor Ihrem inneren geistigen Auge deutlich das Bild einer Pizza Quattro Stagioni auf. Schon bei der bloßen Vorstellung läuft Ihnen das Wasser im Mund zusammen. Energisch versuchen Sie, das Gelüst zu verdrängen. Doch die Pizza lässt Sie einfach nicht los. Sie schmecken sie förmlich auf der Zunge, spüren den knusprigen Rand, den zerlaufenen Käse. Schließlich kapitulieren Sie und treten den Weg zum Supermarkt an. Glücklich essen Sie dann Ihre Pizza. Sie hat »gesummt«.

Mit den bestechend einfachen Kategorien »Winken« und »Summen« lässt sich nicht nur die Lust auf bestimmte Nahrungsmittel unterscheiden, sie sind auch auf Ihre Wünsche übertragbar.

Verführung von außen

Winkende Wünsche sind solche, die Sie von anderen übernehmen. Das kann auf unterschiedliche Weise geschehen. Vielleicht sehen Sie das Objekt Ihrer Begierde im Internet, unterwegs beim

Einkaufen oder jemand in Ihrer Umgebung besitzt es. Es muss sich aber keineswegs nur um etwas Materielles handeln. Auch Einstellungen, die Sie durch Ihre Erziehung entwickelt oder aus Ihrer Familientradition übernommen haben, können winkende Wünsche produzieren. Zum Beispiel, wenn Sie kirchlich und ganz in Weiß heiraten möchten. Ebenso ist es möglich, dass Sie von dem Umfeld, in dem Sie sich bewegen, beeinflusst werden, zum Beispiel von Ihren Kolleginnen oder Ihren Freundinnen.

In großem Stil ist die Befriedigung winkender Wünsche sehr aufwendig. Sie kostet Zeit, Geld und Energie. Vielleicht sparen Sie auf Designermöbel, seit Sie neiderfüllt die edle Einrichtung einer Bekannten gesehen haben. Möglicherweise wünschen Sie sich ein umfangreiches Netzwerk wie Ihre Kollegin oder würden gerne Ihre Tochter auf ein Internat schicken, über das Sie einen lobenden Artikel gelesen haben. Oder Sie streben ein Juraexamen an, weil Ihr Vater glücklich wäre, wenn Sie später seine Kanzlei übernehmen.

Im Kleinformat sind winkende Wünsche wie bei der Zimtschnecke das Produkt eines zufälligen, spontanen Begehrens. Etwa so: Beim Shoppen sehen Sie einen Schal im Schaufenster einer Boutique, der genau zu Ihrem Kostüm passt. Den wollen Sie haben. Oder eine Freundin sagt: »Dieser Roman ist wunderbar, den musst du unbedingt lesen.«

Ob ein Wunsch winkt, erkennen Sie an einem der folgenden Anzeichen:

- Bevor Sie das Gewünschte gesehen oder davon gehört haben, dachten Sie nicht daran.
- Andere in Ihrem Umfeld haben das auch.
- Die Idee dazu stammt ursprünglich nicht von Ihnen.
- Menschen, die Ihnen nahestehen, finden diesen Wunsch für Sie besonders erstrebenswert.

- Der Wunsch passt eigentlich besser zu jemandem aus Ihrem Umfeld als zu Ihnen.
- Der Wunsch bringt Ihnen vor allem Anerkennung
- Das Gewünschte ist mit einem Trend oder einer Mode verbunden.

Das »Summen« kommt von innen

Summende Wünsche sind in Ihrer Persönlichkeit begründet. Sie hängen mit etwas zusammen, was Sie leidenschaftlich gerne tun oder lieben. Sie entsprechen Ihren Talenten und Begabungen. Vor allem entstehen sie meist nicht von außen, sondern entspringen einer tiefen Sehnsucht. Aus der heraus suchen Sie sich dann die äußerlichen Möglichkeiten. Gelegentlich ist es auch umgekehrt. Sie entdecken zufällig etwas bisher Unbekanntes und fühlen dann wie vom Blitz getroffen, dass es das ist, was Sie schon immer haben wollten.

Bei großen summenden Wünschen handelt es sich um echte Bedürfnisse, bezogen auf Körper, Geist oder Seele. Sie glauben, ohne die Erfüllung nicht glücklich sein zu können.

Große summende Wünsche sind oft schwer zu erfüllen, erfordern meist viel Einsatz oder Mut. Etwa wenn Sie von einer anderen beruflichen Tätigkeit träumen. Oder wenn Sie ein Kind haben möchten und dazu eine aufwendige Hormonbehandlung nötig ist.

Kleine summende Wünsche beziehen sich meist auf Ihre Neigungen. Sie malen gerne und liebäugeln mit einem Aquarellfarbkasten. Als leidenschaftliche Köchin wollen Sie eine spezielle Pfanne in der Küche haben. Sie lieben Opern und gönnen sich ein Abonnement. Dinge, mit denen Sie sich kleine summende Wünsche erfüllen, können Ihnen zwar manchmal auch überraschend ins Auge stechen (»Schau mal, das will ich doch schon ewig haben!«), aber meist begeben Sie sich bewusst auf die Suche danach. Sie wählen mit viel Sorgfalt und Sachverstand aus. Prüfen, vergleichen, achten auf Qualität und fachsimpeln gerne mit Experten. Auf keinen Fall nehmen Sie irgendetwas. Es muss schon so sein, wie Sie es sich vorstellen. Je nach Neigung kann es sich dabei um Wein, Sushi-Messer und Rosenzüchtungen handeln oder um den neuen Roman Ihrer Lieblingsautorin. Der kleine summende Wunsch ist Ihnen jedenfalls etwas wert.

Für summende Wünsche gelten vor allem diese Kriterien:

- Sie sind von selbst auf die Idee gekommen.
- Sie liebäugeln schon lange damit.
- Es ist ein heimlicher Wunsch, über den Sie noch nicht mit anderen gesprochen haben.
- Sie sind bereit, viel einzusetzen, damit er sich erfüllt.
- Es handelt sich um einen Herzenswunsch.
- Er entspricht Ihrer Begabung und Ihren Neigungen.
- Die Erfüllung ist Ihnen existenziell wichtig, wie Arbeit, Nahrung oder ein Dach über dem Kopf.

Sortieren Sie Ihre Wünsche

Von den Inhalten her lässt sich schwer feststellen, welche Wünsche winken oder summen. Es ist durchaus möglich, dass für die eine Frau etwas heftig summt, während es für die andere nur winkt.

Teresa, 52, freie Journalistin, liebt den Süden. Bei den trüben Wintern in Hamburg bekommt sie Depressionen. Ihr großer Wunsch ist es, dauerhaft eine Ferienwohnung auf Lanzarote zu haben. Sie war schon häufig dort im Urlaub. Inzwischen hat sie

Spanisch in einem Volkshochschulkurs gelernt und unterhält sich gerne mit den Einheimischen. In diesem Jahr hat es endlich geklappt: Sie hat sogar ein ganzes Häuschen in Caleta de Famara gemietet. Teresa ist selig.

Josefine, 46, Geschäftsführerin einer Werbeagentur, wünscht sich ebenfalls ein Domizil im Süden. »Damit man mal rauskommt und auch Freunde dahin einladen kann.« Sie hat einen Makler beauftragt, etwas Passendes zu finden, und ist entzückt, als er ihr eine Finca auf Gran Canaria anbietet. Die lässt sie schön herrichten. Aber sie kommt kaum dazu, sich dort aufzuhalten, zumal sie im Urlaub die Abwechslung bevorzugt.

Zweimal der Wunsch nach einem Wohnobjekt im Süden, aber für Teresa hat er gesummt, für Josefine gewinkt.

Nur Sie allein können beurteilen, welche Bedeutung ein Wunsch für Sie hat. Es lohnt sich, die eigenen Wünsche in dieser Hinsicht auf den Prüfstand zu stellen. Schreiben Sie ohne Zensur Ihre sämtlichen Wünsche auf, große ebenso wie kleine, vom passenden Lippenstift bis zur Weltreise.

Schicken Sie dann jeden Ihrer Wünsche durch den Filter: Summt er für mich oder winkt er nur? Hat er mit meiner Persönlichkeit und meinen Vorlieben zu tun – oder habe ich diesen Wunsch eher aus meinem Umfeld übernommen? Mit den obigen Anhaltspunkten für jede der beiden Kategorien dürften Sie das schnell herausfinden. Falls Sie jedoch nicht auf Anhieb erkennen, ob Ihr Wunsch nun winkt oder summt, nehmen Sie sich ein wenig Zeit und horchen Sie in sich hinein. Intuitiv werden Sie spüren, in welche Richtung das Pendel ausschlägt. Schreiben Sie hinter die winkenden Wünsche ein W, hinter alle anderen ein S.

Nehmen Sie sich nun die großen Wünsche aus der W- und S-Klasse vor, etwa in der Größenordnung Eigentumswohnung, Auslandsaufenthalt, Beförderung, und schauen Sie, was Sie in jeder Kategorie erwartet.

So wirken sich winkende Wünsche aus

Große winkende Wünsche erfüllen Sie sich nicht mal eben locker, sondern Sie müssen dafür einiges auf sich nehmen, viel Zeit, Energie und Geld investieren. Etwa wenn Sie sämtliche Kraft in Ihr Geschäft stecken, um es denjenigen so richtig zu zeigen, die Ihnen ein Scheitern prophezeit haben. Oder wenn Sie jahrelang an einer Doktorarbeit sitzen, um die Anerkennung Ihrer Familie zu bekommen. Energie für einen großen winkenden Wunsch aufzubringen, bedeutet permanente Anstrengung. Sie müssen sich selbst immer wieder motivieren und zum Durchhalten zwingen. Allein der Blick aufs Ergebnis hält Sie bei der Stange. Das Tragische ist, dass sich der Aufwand nicht wirklich lohnt, denn wenn Sie Ihr winkendes Ziel erreicht haben, hält die Freude nicht lange an. Die Begeisterung nimmt schnell ab, Sie gewöhnen sich an den Status quo, er wird selbstverständlich. In der Psychologie bezeichnet man das als »Habituation« oder »Adaption«. Außerdem bringt Ihnen die Erfüllung des Wunsches selten, was Sie sich eigentlich davon erhoffen. Am Ende müssen Sie sich eingestehen, dass Sie das Ersehnte gar nicht so glücklich und zufrieden macht, wie Sie erwartet haben. Oft bereuen Sie dann sogar Ihren Einsatz. Wie eine Bekannte von mir, die sich darauf freute, für ein Jahr einen Segeltörn zu machen. Ursprünglich war das nicht ihr Wunsch, aber ihr Freund war so begeistert von der Idee, dass er sie damit ansteckte. Sie malte sich aus, wie sie mit ihrem Liebsten übers Mittelmeer schippern würde. Es wurde nach ihrer eigenen Aussage die schlimmste Zeit ihres Lebens. Das Schiff hatte ständig irgendwelche Macken, sie wurde seekrank und zerstritt sich so mit ihrem Freund, dass sie vorzeitig von Bord ging.

So wirken sich summende Wünsche aus

Bei großen summenden Wünschen handelt es sich, wie oben erläutert, um solche, die eng mit Ihrer Persönlichkeit verbunden sind, mit Ihren Vorlieben und Talenten. Sie beziehen sich auf etwas, das Sie wirklich berührt und beschäftigt. Man bezeichnet sie auch als Herzenswünsche. Für diese Art von Wünschen lohnt sich der Einsatz unbedingt, denn die Freude ist dauerhaft. Hat sich der summende Wunsch endlich erfüllt, bleibt die Lust erhalten. Man ist wirklich glücklich – und nicht nur froh, erleichtert oder für eine Weile zufrieden. Überdies bieten große summende Wünsche ein besonderes Extra auf dem Weg zum Ziel: Schon während Sie auf die Erfüllung hinarbeiten, spüren Sie eine ungeahnte Kraft. Sie geraten dabei in einen Flow, einen Zustand, in dem Sie so konzentriert sind, dass Sie völlig die Zeit vergessen. Selbst durch Schwierigkeiten, die sicher auftauchen, lassen Sie sich nicht von Ihrem Ziel abbringen. So erzählt die Journalistin Meike Winnemuth in einem Interview: »Ich hatte so eine heiße Sehnsucht nach Heimat.« Meike träumt von einem Ort, an dem sie bleiben und zur Ruhe kommen kann. Schließlich erfüllt sie sich ihren Wunsch mit einem Häuschen samt Garten an der Ostsee. Zwar hat sie keine Ahnung von Pflanzen, lernt aber durch Versuch und Irrtum. Sie baut Kartoffeln, Bohnen und Erdbeeren an und genießt ihren besonderen Geschmack. Die Gartenarbeit macht sie so glücklich, dass sie sogar ein Buch über ihre Erfahrungen als Hobbygärtnerin schreibt. Es ist ein Bestseller.

Auch bei summenden großen Wünschen ist der Weg zur Erfüllung nicht unbedingt einfach, aber er ist weniger quälend als bei den winkenden. Weil Sie lieben, was Sie tun, beschäftigen Sie sich freiwillig lange und intensiv damit. Typisch dafür sind Aussagen wie: »Für mich gibt es keine Work-Life-Balance, ich unterscheide nicht zwischen Arbeit und Leben.«

Auf welche Art Wunsch wollen Sie setzen?

Wunsch ist also nicht gleich Wunsch. Im Vergleich liegen die Vorteile für die summenden Wünsche so eindeutig auf der Hand, dass Ihnen die Entscheidung gewiss nicht schwerfällt, für welche Art Sie Ihre Energie einsetzen wollen. Ihre kleinen Wünsche dürfen gerne weiterhin winken – was wäre unser Alltag ohne ein bisschen Luxus, Spaß oder Genuss?

Für Ihre großen Wünsche möchte ich Ihnen jedoch dringend raten: Engagieren Sie sich vor allem für diejenigen, die summen. Setzen Sie sich für Ihre Herzenswünsche ein. Denn das bedeutet, dass Sie dabei sind, Ihr Selbst auszuleben.

Allerdings weiß ich nur zu gut aus eigener Erfahrung, dass wir nicht immer so rational, besonnen und erfahren sind, um uns ohne Umschweife für unsere summenden Wünsche zu entscheiden. Manchmal muss man einen Umweg über einen winkenden, von außen angeregten Wunsch nehmen, um überhaupt intensiv zu spüren, was man wirklich will. Vielleicht streben Sie zunächst einen sicheren Job an, um dadurch zu erfahren, dass Ihnen eine interessante Aufgabe trotz finanziellem Risiko mehr bedeutet. Oder Sie leiden unter einem unzuverlässigen Bad Boy, den Sie unbedingt erobern wollen, und werden dadurch reif für einen Mann, der weniger aufregend ist, Sie aber glücklich macht. Oder Sie erfüllen sich Ihren vermeintlichen Traum und ziehen in ein sonniges Land, um dort zu erkennen, dass Sie sich nur in der Heimat wohlfühlen. Vielleicht verdienen Sie auch erst einmal eine Menge Geld, um schließlich festzustellen, dass Sie eigentlich auf der Suche nach einem Lebenssinn sind. Sicher hat der Schriftsteller Paulo Coelho recht, wenn er sagt: »Woher soll ich wissen, wie viel genug ist, wenn ich noch nie genug gehabt habe?« Keine Erfahrung ist letztlich vergebens. Dies zum Trost für alle, die in puncto Wünsche bisher einen aufwendigen

Umweg gemacht haben. Entscheidend ist, dass Sie ab jetzt den Unterschied zwischen den Wünschen kennen und sich im Zweifelsfall immer für Ihre summenden Wünsche entscheiden. Nur die machen Sie wirklich glücklich, denn sie entstammen Ihrem Selbst.

Psycho-Test: Was ist Ihnen wirklich wichtig im Leben?

Hinter dem, was Sie besonders lieben, schätzen oder wünschen, steckt noch eine tiefere Motivation. Das Wort kommt vom lateinischen »movere«, bewegen, und das weist schon auf seine Bedeutung hin: Es handelt sich um die Gründe, die Sie innerlich in Schwung bringen. Welche Priorität Sie letztlich setzen, hängt mit Ihrer Persönlichkeit zusammen. Für die eine ist etwa zwischenmenschlicher Kontakt das größte Glück. Der anderen wiederum bedeutet individuelle Freiheit viel oder es ist ihr wichtig, einen höheren Sinn im Leben zu finden. Während allgemeine Bedürfnisse und Wünsche konkret von der jeweiligen Lebensphase abhängen und entsprechend variieren, bleibt Ihr Hauptmotiv konstant und bestimmt wie eine Grundmelodie Ihre Entscheidungen und Ihr Handeln.

Testen Sie hier, welcher Wert für Sie von besonderer Bedeutung ist. Nur wenn Sie wissen, was Sie wirklich wollen und brauchen, können Sie es sich auch auf vielfältige Weise holen.

So wird der Test gemacht:
Versetzen Sie sich in die jeweilige Situation und kreuzen Sie an, was am meisten für Sie zutrifft.

TESTFRAGEN

Frage 1

Reden ist nicht immer Gold. Am meisten stört es Sie, wenn jemand ...

- das Blaue vom Himmel erzählt und man nie weiß, ob es stimmt. (E)
- tönt, was er alles Großartiges vorhat, aber nichts auf die Reihe kriegt. (A)
- vor allem Klatsch und Tratsch verbreitet. (B)
- keine eigene Meinung hat und anderen nach dem Mund redet. (D)
- nur von sich redet und sich nicht für sein Gegenüber interessiert. (C)

Frage 2

Die Firma, in der Sie angestellt sind, verlagert ihre Produktion nach China. Sie bekommen eine Abfindung – das war's. Sie ...

- erkennen, wie schnell sich alles ändern kann und überdenken Ihr Leben neu. (B)
- kümmern sich sofort darum, wie Sie das Geld am besten anlegen. (E)
- verbreiten in Ihren Netzwerken, dass Sie einen neuen Job suchen. (C)
- tun endlich, was Sie schon immer tun wollten, und machen sich selbstständig. (D)
- sind optimistisch: Jemand mit Ihren Fähigkeiten wird immer gebraucht. (A)

Frage 3

In einer Partnerschaft ist besonders wichtig, dass man ...

- viel gemeinsam unternimmt. (C)
- auch seine eigenen Interessen pflegt. (D)
- einander treu ist. (E)
- gemeinsame Ziele hat. (A)
- wertschätzend miteinander umgeht. (B)

Frage 4

Ein kurzer Blick in die Zukunft. Mit 77 Jahren ...

- gründen Sie mit fitten Seniorinnen eine WG. (C)
- sitzen Sie entspannt in der Hollywoodschaukel und trinken ein Gläschen. (E)
- schreiben Sie Ihre Lebensgeschichte für die Nachkommen auf. (A)
- gehen Sie mit Ihren Enkeln auf Umweltschutzdemos. (B)
- überlegen Sie, dass Sie eigentlich noch mal eine Reise machen möchten. (D)

Frage 5

Welche negative Eigenschaft ist bei Ihnen am wenigsten ausgeprägt?

- Aufschieberitis (A)
- Intoleranz (D)
- Leichtsinnigkeit (E)
- Unausgeglichenheit (C)
- Oberflächlichkeit (B)

Frage 6

Welche Situation wäre Ihnen besonders peinlich?

- Sie leben vegetarisch und missionieren in puncto Ernährung – und dann erwischt man Sie mit einer Currywurst. (B)

- Sie laden einen Kunden zum Essen ein. Als Sie bezahlen wollen, stellen Sie fest, dass Sie Ihr Portemonnaie zu Hause gelassen haben. (E)
- Sie haben sich bereit erklärt, auf dem Jubiläum Ihres Patenonkels eine Rede zu halten. Kurz vorher stellen Sie fest, dass Sie Ihr Manuskript vergessen haben. (A)
- Sie haben eine Bekannte, die Sie spontan besuchen wollte, mit der Ausrede abgewimmelt, Sie seien krank. Und dann treffen Sie sie am Abend an der Kinokasse. (D)
- Sie lästern auf dem Büroflur über eine Kollegin. Als Sie sich umdrehen, steht sie hinter Ihnen und sieht Sie entsetzt an. (C)

Frage 7

Endlich Urlaub! Am liebsten so:

- Mit Sonnenscheingarantie auf Gran Canaria (E)
- Eine sichere Kreuzfahrt in die Karibik (C)
- Ein Sprachkurs in Cambridge (A)
- Waldbaden in Österreich (B)
- Ein Segeltörn im Mittelmeer (D)

Frage 8

Beim Kerzenausblasen zu Ihrem Geburtstag wünschen Sie sich, dass Sie …

- auch im nächsten Jahr gesund und munter in diesem Kreis feiern können. (C)
- viel Neues erfahren und sich weiterentwickeln. (B)
- endlich Zeit für das finden, was bisher zu kurz gekommen ist. (D)
- alles bleibt, wie es ist – oder noch ein bisschen besser wird. (E)
- erreichen, was Sie sich für das neue Lebensjahr vorgenommen haben. (A)

Frage 9

Da kommt bei Ihnen Panik auf:

- Auf Ihrem Smartphone erscheinen plötzlich Störungen. (A)
- Sie warten schon eine halbe Stunde auf Ihr Date und können den anderen per Handy nicht erreichen. (C)
- Ihre Vorgesetzte bittet Sie, für sie zu lügen. (B)
- Das Flugzeug macht plötzlich merkwürdige Geräusche. (E)
- Sie stecken im Aufzug eines Kaufhauses fest. (D)

Frage 10

Gibt es einen roten Faden, der sich durch Ihr Leben zieht?

- Ich höre meist auf meine Intuition. (B)
- Ich gebe immer mein Bestes. (A)
- Ich muss nicht jedem gefallen. (D)
- Ich bin erst einmal zu jedem freundlich. (C)
- Ich gehe möglichst wenige Risiken ein. (E)

Frage 11

Einer Bekannten geht es nicht so gut, sie jammert Ihnen die Ohren voll. Sie sagen:

- »Komm, wir trinken jetzt einen Kaffee, und dann sieht die Welt schon anders aus.« (C)
- »Betrachte es doch mal positiv: In jeder Krise liegt auch eine Chance.« (B)
- »Du musst doch nicht alles allein bewältigen. Hole dir kompetente Unterstützung.« (E)
- »Das tut mir wahnsinnig leid. Ich würde dir ja gerne helfen, aber ich bin selbst gerade im Stress.« (D)
- »Jammern bringt doch nichts. Überlege lieber, wie du deine Situation verbessern kannst.« (A)

Frage 12

Die größte Mutprobe wäre für Sie ...

- ohne Hotelreservierung und Smartphone einen Städtetrip zu unternehmen. (E)
- ein einwöchiger Aufenthalt im Schweigekloster. (C)
- bewusst Rechtschreibfehler in einer wichtigen E-Mail zu machen. (A)
- an einer Gruppenreise teilzunehmen. (D)
- einem Kollegen zu sagen, er solle doch bitte ein Deodorant benutzen. (B)

Frage 13

Welcher Spruch trifft Ihre Lebensphilosophie am besten?

- »Erfahrungen vererben sich nicht, jeder muss sie allein machen.« *Kurt Tucholsky* (D)
- »Liebe verschenkt, Egoismus leiht.« *Friedrich v. Schiller* (C)
- »Tu das, was du fürchtest, und das Ende der Furcht ist gewiss.« *Ralph Waldo Emerson* (A)
- »Wie einfach wäre das Leben, wenn sich die unnötigen Sorgen von den echten unterscheiden ließen.« *Karl Heinrich Waggerl* (E)
- »Es ist besser, hohe Grundsätze zu haben, die man befolgt, als noch höhere, die man außer Acht lässt.« *Albert Schweizer* (B)

Frage 14

Bedauerlich, aber auch Sie werden irgendwann diese Welt verlassen. Was sagt man dann wohl auf der Trauerfeier über Sie?

- Sie hatte ein großes Herz. (C)
- Sie hat sich jeder Herausforderung mutig gestellt. (D)
- Auf sie war immer Verlass. (E)
- Sie ist nun in einer besseren Welt. (B)
- Sie zählte zu denen, die niemals aufgeben. (A)

Testauswertung

Zählen Sie zusammen, wie oft Sie A, B, C, D oder E angekreuzt haben.

Haben Sie zwei oder mehr Buchstaben gleich häufig gewählt, lesen Sie bitte zunächst Auflösung F.

TESTAUFLÖSUNG

(A) Das ist für Sie das Wichtigste: Erfolg

Erfolg hat nicht nur mit beruflichen Aufgaben zu tun, sondern kann sich auch auf jeden anderen Bereich Ihres Lebens beziehen, etwa auf Ihr Hobby, Fitness oder die Kindererziehung. Wohin auch immer Sie Ihre Aufmerksamkeit und Ihre Energie richten, stets beherrscht Sie der Wunsch nach einem optimalen Ergebnis. Dahinter steckt zum einen Ihr gesunder Ehrgeiz, aber vor allem wollen Sie etwas bewirken. Ihnen liegt es nicht, die Hände schicksalsergeben in den Schoß zu legen. Sie möchten auf Ihre Umgebung Einfluss nehmen und falls nötig die Dinge verändern, die Ihnen nicht passen. Inzwischen dürften Sie Ihre Vorzüge kennen und sich Ihrer Leistung bewusst sein. Dafür sollten Sie nun vollkommen zu Recht die Früchte einsammeln, sei es in Form von Wertschätzung, Anerkennung, Dankbarkeit oder Geld.

(B) Das ist für Sie das Wichtigste: Sinn

Für Sie ist vor allem entscheidend, dass das, was Sie tun, eine Bedeutung hat. Sie sehen es als besondere Aufgabe an, Ihr Umfeld mit Ihren Fähigkeiten und Möglichkeiten zu unterstützen. Das kann die Teilnahme an einer Bürgerinitiative sein, die Hühnersuppe für eine vergrippte Freundin oder, ganz praktisch, eine saubere Trennung des Haushaltsmülls. An Ihrem Platz möchten Sie mit dafür sorgen, dass die Welt ein besserer Ort ist. Als wertvoll empfinden Sie auch, was Sie in Ihrer persönlichen Entwicklung weiterbringt. Sie stellen nämlich hohe Ansprüche an sich selbst, nach dem Motto: Wer nicht versucht, besser zu werden, hört auf, gut zu sein. Von daher befassen Sie sich wahrscheinlich intensiv mit Psychologie oder Philosophie, um Anregungen für Ihre persönliche Entwicklung zu bekommen. Ihr inneres und äußeres Engagement gibt Ihnen eine tiefe Befriedigung. Zu wissen, dass Sie nicht umsonst auf dieser Welt sind, macht Sie glücklich.

(C) Das ist für Sie das Wichtigste: Bindung

Das Wichtigste in Ihrem Leben ist die Beziehung zu anderen Menschen. Bestimmt haben Sie es schon gespürt: Geld und Karriere sind ja gut und schön, aber sie wärmen Sie nicht wirklich. Eine liebevolle Umarmung, ein gutes Gespräch oder hilfreiche Unterstützung sind für Sie oft wesentlich wertvoller. Das zeigt sich besonders in kritischen Situationen. Für Sie hat die Liebe einen hohen Stellenwert, aber auch die enge Verbindung zu Freunden und gute Beziehungen zu Kollegen und Nachbarn. So richtig glücklich fühlen Sie sich erst, wenn Sie geliebt und akzeptiert werden. Dafür tun Sie vermutlich schon eine Menge: Sie hören sich zum x-ten Mal das Beziehungsdrama einer Freundin an oder organisieren das Nachbarschaftsfest. Weiter so! Wenn Sie für andere aufgeschlossen sind, werden Sie immer wieder überraschende, beglückende Begegnungen erleben.

(D) Das ist für Sie das Wichtigste: Freiheit

Ihr Wunsch nach Freiheit ist ein besonderes Merkmal Ihrer Persönlichkeit. Sie brauchen Freiraum, um glücklich zu sein, und möchten selbst bestimmen, über sich, Ihre Arbeit, Ihre Zeit. Auch Sie müssen sich den Umständen anpassen, vor allem, wenn Sie Familie haben oder im Beruf vorwärtskommen wollen. Doch Sie versuchen immerhin, die Erfüllung Ihrer Bedürfnisse nicht ausschließlich von anderen abhängig zu machen.

Ihnen geht es darum, dass Sie in jedem Bereich Ihres Lebens konkret Ihre Grenzen erweitern. Über den Tellerrand schauen, Neues ausprobieren, auch mal etwas wagen – das bringt Ihre Augen zum Funkeln, und Sie spüren ein Kribbeln im Bauch. So fühlen Sie sich lebendig. Das Gegenteil davon sind Routine, Einschränkung, zu enge Beziehungen. Wenn sich davon zu viel in Ihrem Leben findet, träumen Sie vom Ausbruch. Nur mit Zahnbürste und Kreditkarte auf Weltreise. Sie wissen schon, dass das (vermutlich) unrealistisch ist, aber zumindest mehr Selbstständigkeit im Job und in der Partnerschaft müsste drin sein.

(E) Für Sie ist das Wichtigste: Sicherheit

Sicherheit ist ein starker Antrieb in Ihrem Leben. Das bedeutet nicht, dass Sie bis zur Pensionierung in einer Firma bleiben oder bis zum bitteren Ende an einer lieblosen Partnerschaft festhalten. Aber Ihr beständiger Charakter verlangt nach festen Koordinaten, sowohl im Beruf als auch im Privatleben. Sie möchten wissen, woran Sie sind und womit Sie rechnen können. Es verunsichert Sie, wenn Sie die Folgen einer Entscheidung nicht wenigstens teilweise überschauen können. Dabei gehen Sie ungern Risiken ein. Das Konto überziehen, ein Wohnungstausch mit Unbekannten, ein Start-up gründen – so etwas beunruhigt Sie eher. Unsicherheit wirkt sich auch auf Ihren Körper aus. Sie werden nervös und schlafen schlecht. Deshalb vermeiden Sie möglichst Aufregungen und planen sorgfältig. Vorausschau ist nicht umsonst Ihre große Stärke. Auf diese Weise ersparen Sie sich viel Stress. Aber es besteht auch die Gefahr, dass Ihr Leben langweilig wird.

(F) Für Sie ist vieles wichtig

Ihnen sind verschiedene Werte gleich wichtig. Im Prinzip ist das vorteilhaft, denn auf diese Weise werden Sie in Ihren Zielen und in Ihrem Handeln nicht so schnell einseitig. Oft lassen sich mehrere Schwerpunkte gut miteinander verbinden. Wenn für Sie etwa Erfolg und Sinn den gleichen Stellenwert haben, dann sind Sie zum Beispiel bei einer anspruchsvollen sozialen Aufgabe goldrichtig. Mehrere wichtige Bedürfnisse können aber auch zu inneren Konflikten führen. Fragen Sie sich in dem Fall: »Die Befriedigung welches Bedürfnisses ist in dieser Situation für mich unverzichtbar?« Darauf sollten Sie dann Ihre Aufmerksamkeit richten.

Gefühle und Körperwissen – Navigationssystem zum Selbst

Wünsche zeigen Ihnen die Richtung, in die Sie sich bewegen möchten, aber Sie haben noch ein weiteres fantastisches Navigationssystem zur Verfügung, mit dem Sie täglich überprüfen können, ob Sie tatsächlich auf dem richtigen Weg sind: Ihre Gefühle. Sie geben Ihnen regelmäßig Impulse, was Sie in Bezug auf Ihr Selbst tun oder lassen sollten. Das setzt allerdings voraus, dass Sie sie wahrnehmen und ihnen trauen. Was gar nicht so selbstverständlich ist. Daran ist auch unsere Gesellschaft schuld. In unserer westlichen Welt gilt immer noch weitgehend die Einstellung, dass Rationalität den Gefühlen weit überlegen ist. Häufig werden sie als Störfaktoren betrachtet, die den Verstand bei der Arbeit behindern. Man glaubt, nur wer seine Gefühle kontrolliert, kann auch gute Entscheidungen fällen. Als Kinder unserer Zeit haben wir das verinnerlicht. Wohl jeder von uns ist mit Sätzen aufgewachsen wie: »Nun sei doch mal vernünftig!«, »Hast du denn völlig den Verstand verloren?«, »Hör auf zu heulen, sonst gebe ich dir einen Grund!«, »Freu dich bloß nicht zu früh!« Wir haben gelernt, dass man seinen Gefühlen möglichst nur in privatem oder romantischem Zusammenhang freien Lauf lassen darf, etwa in der Freundschaft, in der Liebe oder bei einer Trauerfeier. Sonst lieber nicht, schon gar nicht im Job oder bei wichtigen Entscheidungen. Da heißt es eher »Hast du dir das auch gut überlegt?«, anstatt »Wie fühlt sich das für dich an?«. Man denke auch an den abwertenden Vorwurf, wir Frauen seien zu emotional. Gefühle hält man besser in Schach. Kein Wunder also, dass wir uns gefühlsmäßig oft selbst fremd sind und erst wieder lernen müssen, uns zu vertrauen. Die Schweizerin Julia Onken, Gründerin des Frauenseminars Bodensee, in dem sich Frauen unabhängig von Alter, Beruf und Schulabschluss weiterbilden können, sagt: »Um herauszufinden, in welche Richtung wir uns entwickeln wollen, müssen wir einen direkten Zugang zu diesem in uns angelegten Programm haben. Und dies ist nur möglich, wenn wir Kontakt zu unserer Mitte spüren. Deshalb ist es so wichtig, wieder eine Vertrauensbasis zu unseren Gefühlen herzustellen und sie nicht ständig anzuzweifeln und infrage zu stellen.«

Zum Glück wandelt sich die negative Sicht auf die Gefühle allmählich. Die Hirnforschung hat nämlich die Möglichkeit entdeckt, mit bildgebenden Verfahren sichtbar zu machen, was geschieht, wenn wir etwas fühlen. Dabei hat sich gezeigt, wie wichtig Gefühle für unser Glück und die Entwicklung unseres Potenzials sind. Mit den Gefühlen hat die Natur ein großartiges System in uns angelegt, das unserer menschlichen Spezies seit Millionen Jahren Überleben und Entfaltung sichert. Gefühle stellen also keine Hindernisse dar, die es zu überwinden gilt, sondern sind im Gegenteil ein wesentlicher Bestandteil der menschlichen Vernunft. Wenn Sie sie schätzen und beachten, zeigen sie Ihnen, was für Sie wichtig ist.

Ihr Körper zeigt Gefühl

Träger der Gefühle ist unser Körper. Wie ein feines Messinstrument reagiert er unmittelbar auf äußere Auslöser, etwa mit schnellem Herzschlag, erhöhtem Blutdruck, Schweißausbruch oder Hormonausschüttungen. Von daher liegt es auf der Hand, dass Ihre physische Wahrnehmung eine gute Möglichkeit ist, Ihren Gefühlen auf die Spur zu kommen.

Wenn Sie Ihrem Körper Aufmerksamkeit schenken, verrät er Ihnen, wie es Ihnen wirklich geht. Man spricht in dem Zusammenhang auch von »Körperwissen«. Doch leider haben wir aufgrund unserer westlichen Erziehung und unserer kopflastigen Arbeitsweise die natürliche Verbindung zu unserem Körper verloren. Wer von uns tanzt denn noch im Regen und genießt die Tropfen? Oder läuft in der Stadt barfuß über eine Wiese? Wie ungewöhnlich das ist, konnte ich erst kürzlich feststellen: Auf dem Nachhauseweg von einem Event drückten mich meine schicken Schuhe derart, dass ich keinen Schritt mehr laufen konnte. Ich zog sie aus und ging im Kostüm barfuß über die Alsterwiesen. Die irritierten Blicke der Passanten sprachen Bände.

Auch unsere Arbeit lässt uns oft unseren Körper vergessen.

Wenn ich über Stunden vor dem Computer sitze, spüre ich meinen Körper nicht mehr. Zum Ausgleich habe ich mir ein kleines Trampolin ins Büro gestellt, auf dem ich zwischendurch ein paar Minuten hüpfe, um wieder locker zu werden. Aber so etwas ist nur Kurieren am Symptom. Was unser Selbst anbetrifft, müssen wir auf andere Weise Kontakt mit unserem Körper aufnehmen, um seine Weisheit anzuzapfen und Kontakt zu unseren wahren Gefühlen zu bekommen. Dazu gibt es einige wirkungsvolle Methoden, mit denen Sie über Ihre physische Wahrnehmung entdecken können, was wirklich in Ihnen vorgeht und was Sie brauchen.

Entdecken Sie Ihr Körperwissen mit Focusing

Der amerikanische Psychologe Eugene T. Gendlin entwickelte eine Methode, die er »Focusing« (englisch »focus«, Brennpunkt) nannte. Focusing schlägt eine Brücke zwischen Körper, Gefühl und Denken und vermittelt auf diese Weise neue und tiefergehende Erkenntnisse. Die Methode ist so einfach, dass Sie sie mit ein wenig Übung regelmäßig anwenden können:

- Schließen Sie die Augen und horchen Sie in sich hinein: »Was spüre ich gerade? Einen Druck auf dem Magen? Verspannungen im Rücken? Brennen in den Augen? Kopfweh? Unruhe?«
- Bleiben Sie eine Weile wohlwollend und akzeptierend bei dieser Körperwahrnehmung, ohne sie zu bewerten. Dazu lassen Sie ein Wort, einen Satz oder ein Bild auftauchen. Auf diese Weise erfahren Sie, welches Gefühl mit der Körperempfindung verbunden ist.
- Fragen Sie sich: »Was sagt mir mein Körpergefühl? Ist die gegenwärtige Situation gut für mich? Bin ich darin glücklich?«
- Überlegen Sie dann weiter: »Wenn ich nicht glücklich bin –

was brauche ich jetzt am meisten? Vielleicht eine Pause? Eine Umarmung? Ein Telefonat mit der besten Freundin? Einen Spaziergang im Park?« Genau das sollten Sie anschließend aktiv umsetzen.

Ina, eine 45-jährige Bibliothekarin, ist sehr pflichtbewusst und perfektionistisch. Oft übernimmt sie sich im Job. Während des Focusings spürt sie einen Druck auf der Brust, eine Verspannung im Bereich der Schultern und einen Kloß im Hals. Spontan kommt ihr der Satz in den Sinn: »Ich strenge mich furchtbar an.« Vor ihrem inneren Auge taucht das Bild eines Fließbandes auf, an dem Frauen im Akkord arbeiten. Ina bleibt eine Weile bei dem Gefühl. Ihr wird bewusst, dass ihr die permanente Anstrengung viel Lebensfreude nimmt. Sie überlegt, was sie ändern kann, und beschließt, ab jetzt weniger Überstunden zu machen. Stattdessen will sie ihr ehemaliges Hobby, das Tanzen, wieder aufnehmen. Für Ina ist das ein erster Schritt, ihrem Selbst ein Stück Freiheit zu verschaffen.

Muskeltest und Schwankmethode – Ihr Selbst verrät, was es will

Eine weitere Methode, um Körperwissen anzuzapfen, stammt aus der Kinesiologie (griechisch »Lehre von der Bewegung«). Diese alternativmedizinische Form der Diagnostik, die auch Verbindung zur chinesischen Medizin hat, ist vor allem durch ihren Muskeltest bekannt. Mit ihm soll man feststellen, was einem guttut und was nicht. Die Basis dafür ist, dass ein Stress auslösender Faktor, wie etwa ein negativer Gedanke, die durch den Körper fließende Energie blockiert und schlagartig die Muskeln schwächt.

Man mag solcher ungewöhnlichen Methode durchaus skeptisch gegenüberstehen, Tatsache ist jedoch, dass sie funktioniert.

Ich setze den Muskeltest selbst manchmal in Vorträgen ein, um die physische Auswirkung von negativem Denken zu demonstrieren. Dazu bitte ich jemanden aufs Podium, der mir offensichtlich kräftemäßig überlegen ist. Ich fordere ihn auf, einen Arm seitlich auszustrecken und etwas Positives über sich zu denken, zum Beispiel »Ich bin hilfsbereit« oder »Ich bin intelligent«. Gleichzeitig bemühe ich mich, den Arm herunterzudrücken, während die Versuchsperson mit aller Kraft dagegenhält. Bisher ist mir das trotz aller Anstrengung noch nie gelungen. Nun bitte ich die Versuchsperson, etwas Negatives über sich zu denken, etwa »Ich bin ungeschickt« oder »Ich kann schlecht rechnen«. Währenddessen soll sie wieder kräftig meinem Druck auf ihren Arm standhalten. Zur Verblüffung der Zuschauer gelingt es mir diesmal mühelos, sogar den Arm eines starken Mannes herunterzudrücken. Offenbar schwächt schon ein einziger pessimistischer Gedanke unsere Muskeln.

Der Muskeltest lässt sich auch auf Fragen anwenden, die für Ihr Selbst von Bedeutung sind, wie: »Soll ich an diesem Arbeitsplatz bleiben?«, »Soll ich diese Freundschaft beenden?«, »Soll ich zur Abendschule gehen?«, »Soll ich in diese Stadt ziehen?« Wichtig ist, dass die Fragen so formuliert sind, dass Sie mit Ja oder Nein darauf antworten können. Lässt sich der Arm ganz einfach herunterdrücken, entspricht das der Antwort »Nein«. Bleibt er dagegen fest, ist das eine Bestätigung.

Allerdings brauchen Sie einen Partner oder eine Partnerin für diese Übung. Das müssen übrigens keine geschulten Kinesiologen sein, das Experiment kann jede/r durchführen.

Für diejenigen, die allein testen möchten, was für sie gut oder schlecht ist, hält die Kinesiologie den »Schwanktest« bereit. Er zeigt ebenfalls ein verblüffendes Resultat. Und so funktioniert er:

Stellen Sie sich gerade hin, die Füße dicht nebeneinander, die Knie durchgedrückt. Nun äußern Sie Ihre Frage. Zum Beispiel: »Ist es gut für mich, allein in Urlaub zu fahren?« Oder: »Soll ich diese Fortbildung machen?« Als Antwort darauf beginnt Ihr Körper leicht zu schwanken. Bei einem Ja neigt er sich nach vorne, bei einem Nein kippt er leicht zurück. Warum er plötzlich wie ein Pendel reagiert, lässt sich nicht genau erklären – aber es funktioniert mit ziemlicher Sicherheit. Probieren Sie es einfach aus.

Solche Methoden, die den Körper einbeziehen, stellen eine Form des Biofeedbacks dar. Sie können sich damit Informationen ins Bewusstsein holen, die Ihnen sonst vermutlich verborgen bleiben. Im Unterbewusstsein haben Sie nämlich nicht nur Automatismen wie Laufen oder Sprechen gespeichert, sondern auch vieles, was Sie verdrängt haben und das zu wissen vielleicht für Sie nützlich wäre. Es handelt sich also immer um einen Dialog mit sich selbst und nicht etwa um Magie oder eine übernatürliche Wahrheit, wie es gerne manchmal dargestellt wird. Von daher ist es wichtig, dass Sie am Ende immer auch Ihren Verstand benutzen und mit seiner Hilfe überprüfen, was Sie über sich via Körper erfahren haben: »Ist das Ergebnis plausibel? Welche Erkenntnis bringt es mir?«

Eines ist aber gewiss: Wenn Ihr Körper, Ihr Geist und Ihre Seele dasselbe sagen, dann haben Sie den besten Kontakt zu Ihrem Selbst.

Nutzen Sie Ihre Intuition

Ihre Gefühle und Ihr Körper sagen Ihnen recht genau, was Sie Ihrem Selbst schuldig sind. Für wichtige Entscheidungen steht Ihnen außerdem eine besondere Fähigkeit zur Verfügung, die beides zu einer schnellen Wahrnehmung vereint: Ihre Intuition. Man bezeichnet sie auch als Bauchgefühl, innere Stimme, Eingebung, Ahnung oder sechsten Sinn. Was so geheimnisvoll klingt, als spräche das Orakel von Delphi, lässt sich sachlich beschreiben: Es handelt sich um ein Wissen, das auf Erfahrung beruht und in unserem Unterbewusstsein gespeichert ist. Im passenden Augenblick meldet es sich spontan. Jeder Mensch besitzt grundsätzlich die Fähigkeit zu intuitiver Wahrnehmung. Als Anlage ist sie unser genetisches Erbe, das sich zu entfalten lohnt. Allerdings sind wir nicht immer bereit, die Impulse wahrzunehmen und ihnen zu folgen. In manchen Fällen ist das aber auch kein Wunder. Man muss schon sehr von der eigenen Intuition überzeugt sein, wenn man eine Traumwohnung ablehnt, nur weil man bei der Besichtigung ein ungutes Gefühl hat. Oder wenn man kurz vor dem Einchecken darauf verzichtet, den Flieger zu nehmen, weil einem die Intuition sagt, dass es sich um eine Unglücksmaschine handelt. Oder wenn man sich spontan für einen Job im Ausland verpflichtet, der einem nur noch eine Stunde zum Kofferpacken lässt. Doch bei weniger spektakulären Entscheidungen dürfen Sie durchaus akzeptieren, dass Ihnen Ihre Intuition wichtige Informationen darüber liefert, inwieweit Ihnen eine Situation, ein Mensch oder eine Tätigkeit nutzt oder schadet. Sie können sie bewusst als Entscheidungshilfe einsetzen.

Falls Ihre Intuition nur schwach entwickelt ist, lässt sie sich mit bewährten Methoden aktivieren. Die folgenden mögen Ihnen vielleicht ungewöhnlich vorkommen, aber keine Sorge, ich will Sie damit nicht auf den esoterischen Pfad locken. Vielmehr sprechen diese Techniken Ihre rechte Gehirnhälfte an. Sie helfen Ihnen, die für eine ganzheitliche Wahrnehmung oft hinderliche Zensur des Verstandes zu umgehen und zum inneren Wissen vorzudringen. Es handelt sich sozusagen um eine kurze Schaltung zu Ihrem Selbst.

Ziehen Sie eine Orakel-Karte

In der Psychodiagnostik verwendet man Bildertests, um Unbewusstes aufzudecken. Die Versuchspersonen werden aufgefordert, zu einem vorgegebenen Bild eine Geschichte zu erzählen. Damit verraten sie indirekt ihre verborgenen Einstellungen und Gefühle. Das gleiche Prinzip können Sie für Ihre Intuition nutzen. Besonders geeignet sind Tarot-Karten, weil sie vielfältige Bilder enthalten. Formulieren Sie zunächst Ihre Frage so präzise wie möglich: »Ist das der richtige Mann für mich?«, »Werde ich mit diesem Projekt Erfolg haben?«, »Soll ich die Reise machen?« Ziehen Sie dann verdeckt eine Karte aus dem Tarot-Spiel. Überlegen Sie, was Ihnen diese Karte als Antwort sagen möchte. Horchen Sie in sich hinein und achten Sie auf Ihre Empfindungen. Fühlen Sie sich beim Betrachten bestärkt oder eher gewarnt? Was immer die Karte zeigt, dient Ihnen als Spiegel für Ihre verborgenen Einsichten.

Claudia, 36, will sich mit einem Secondhand-Laden für Kinderkleidung selbstständig machen. Ihre Frage lautet: »Werde ich es schaffen?« Sie zieht eine Karte, die ein strahlendes Kind auf einem Pferd zeigt, und fühlt sich dadurch bestätigt. Eigentlich weiß sie, dass sie genügend Know-how und Tatkraft besitzt und ihre überflüssigen Ängste überwinden sollte. Sie entschließt sich, den Laden zu eröffnen, und hat tatsächlich Erfolg. Genauso gut könnte Claudia diese Karte aber auch als Ausdruck von Naivität und Leichtsinn deuten und daraufhin beschließen, von ihrem Plan Abstand zu nehmen. Der Sinn liegt im Auge der Betrachterin.

Pendeln Sie es aus

Dass Körper und Seele eine Einheit bilden, wissen wir spätestens, seit die Medizin die psychosomatischen Krankheiten entdeckt hat. Dieses Zusammenspiel lässt sich auch zur intuitiven Befragung nutzen. Mit einem Pendel können Sie über die feinen Muskeln und Nerven Ihrer Fingerkuppen Kontakt zu tieferen Schichten Ihres Bewusstseins aufnehmen. Ein Pendel lässt sich leicht selbst herstellen, indem Sie an einen Bindfaden von circa 20 Zentimetern Länge einen möglichst schweren Ring hängen. Und so pendeln Sie: Fassen Sie den Faden am Ende locker zwischen Daumen und Zeigefinger der linken Hand, sodass der Ring frei schwingen kann. Stützen Sie den Ellenbogen auf eine Tischplatte und halten Sie die Hand ganz ruhig. Zunächst müssen Sie die »Sprache« Ihres Pendels erkunden. Stellen Sie innerlich die Frage: »Was bedeutet ›Ja‹?« Warten Sie ein paar Sekunden ab, in welche Richtung sich Ihr Pendel bewegt. Gewöhnlich zeigt es einen Kreis im Uhrzeigersinn. Genauso verfahren Sie bei »Nein«. Dabei bewegt sich das Pendel meist kreisförmig in die Gegenrichtung. Ein »Unentschieden« zeigt sich durch eine geradlinige Bewegung nach rechts oder links. Das weist darauf hin, dass die Dinge noch im Fluss sind oder Informationen fehlen. Falls Ihr Pendel für »Ja«, »Nein« und »Unentschieden« andere Bewegungen als die eben genannten zeigt, gelten diese für Sie. Sobald Sie wissen, was die Bewegungen Ihres Pendels bedeuten, können Sie jede Frage stellen, die sich mit »Ja« oder »Nein« beantworten lässt. Zum Beispiel: »Soll ich kündigen?«, »Soll ich diese Wohnung mieten?«, »Soll ich mit meiner Freundin verreisen?« Ihr Pendel wird entsprechend darauf antworten.

Nele, 36, Sekretärin, weiß nicht, wie sie sich entscheiden soll. Ihr Freund hat sie vor einem halben Jahr wegen einer anderen Frau verlassen. Jetzt ruft er plötzlich wieder an und will sich mit ihr verabreden. Nele ist hin- und hergerissen. Soll sie auf seine Annäherungsversuche eingehen? Ihr Pendel beschreibt zu dieser Frage einen großen Kreis gegen den Uhrzeigersinn – das Zeichen für ein Nein. Nele nimmt den Hinweis ernst und bleibt standhaft, auch wenn es ihr schwerfällt. Ihr Pendel bestätigt nur, was sie im Grunde ihres Herzens weiß: Dass sie ihrem Ex nicht mehr vertrauen kann.

Träumen Sie sich klüger

»Träume sind der Königsweg zum Unterbewussten«, sagte schon Sigmund Freud. Diesen Weg können Sie auch mit voller Absicht beschreiten: Lassen Sie den Abend ruhig ausklingen. Verzichten Sie auf einen aufregenden Fernsehfilm oder einen Krimi als Bettlektüre. Kurz vor dem Einschlafen denken Sie intensiv an das Problem, das Sie gerne lösen möchten. Die Antwort auf Ihre Frage erhalten Sie möglicherweise als Traumbild.

Isa, eine 22-jährige Studentin, ist unschlüssig, ob sie in eine Wohngemeinschaft ziehen soll, obwohl das objektiv viele Vorteile hätte. Sie hat sich bei den potenziellen Mitbewohnern schon vorgestellt, man ist mit ihr einverstanden. Bis zum nächsten Tag muss sie sich entscheiden.

In der Nacht träumt sie, sie säße in einer Gefängniszelle auf der Pritsche und würde von den Wärtern ständig durch eine Klappe in der Tür beobachtet. Als sie aufwacht, ist ihr die Bedeutung klar: Sie fühlt sich in einer Wohngemeinschaft zu sehr kontrolliert und möchte lieber allein wohnen.

Es kann auch sein, dass Sie sich nicht an den Trauminhalt erinnern, sondern nur mit dem Gefühl einer inneren Gewissheit aufwachen. Während des Schlafes hat Ihr Gehirn sämtliches Für und Wider auf einer tieferen Ebene erwogen und präsentiert nun das Ergebnis als positive oder negative Stimmung.

Schaffen Sie Verbindungen

Der Psychoanalytiker C. G. Jung bezeichnete das Zusammentreffen von Ereignissen, die sich aufeinander beziehen lassen, ohne dass sie ursächlich miteinander zu tun haben, als »Synchronizität«. Zum Beispiel, wenn Sie an eine Bekannte denken und diese im selben Augenblick anruft. Solche Verbindungen können Sie auch bewusst schaffen, um Ihre Intuition anzuregen.

Überlegen Sie sich zunächst, für welches Problem Sie eine Lösung suchen oder welche Frage Sie beantwortet haben möchten. Öffnen Sie sich innerlich dafür, im Laufe des Tages dazu auf ungewöhnliche Weise einen Hinweis zu erhalten. Etwa durch einen Schlagertext im Radio, durch ein Gespräch, das Sie zufällig mithören, oder eine Zeitungsüberschrift.

Verena, 42, Bankerin, wünscht sich einen Hinweis, ob sie den Vorschlag ihres Chefs, für die Firma nach Barcelona zu gehen, annehmen soll. In der Mittagspause sitzt sie im Café, denkt darüber nach und schaut durchs Fenster auf die Straße. In dem Moment parkt vor dem Haus ein Paketdienst. Auf der Autotür prangt eine große Weltkugel mit dem Schriftzug: »Weltweit den größten Erfolg«. Verena wertet das als positives Zeichen, den Sprung ins Ausland zu wagen.

Je häufiger Sie die Erfahrung machen, dass Sie mit Ihrer Intuition richtigliegen, desto mehr werden Sie ihr vertrauen. Trotzdem sollten Sie auch hier nicht Ihren Verstand ausschalten, sondern die emotionalen Ergebnisse mit kühlem Kopf überprüfen. Ließen Sie sich allein von Ihrer Intuition leiten, würden Sie vielleicht manchmal zu impulsiv reagieren oder mit einer spontanen Entscheidung in Teufels Küche kommen. Deshalb ist es nützlich, Ihre Intuition – wie eben auch jedes Gefühl – am Ende noch einmal durch den rationalen Filter zu schicken. Sie sollten sich fragen: »Welche praktischen Konsequenzen hat es, wenn ich jetzt meiner Intuition folge? Wie geht es mir damit? Bin ich dem gewachsen?« Last but not least sollten Sie auch klären: »Handelt es sich wirklich um Intuition – oder spricht da nur meine Angst oder Bequemlichkeit?« Zum Beispiel, wenn Ihnen angeblich Ihr Bauchgefühl sagt, Sie sollten lieber nicht auf die Party am Wochenende gehen. Vielleicht steckt hier nur die Furcht vor fremden Menschen dahinter. Oder wenn Ihre »Intuition« Ihnen rät, das interessante Projekt doch nicht anzunehmen, Sie in Wirklichkeit aber nur die damit verbundene Arbeit scheuen.

Erst die Kombination von Intuition und Verstand gibt Ihnen die Sicherheit, für die Fragen des Lebens die besten Antworten zu finden. Auf diese Weise treffen Sie die richtigen Entscheidungen gemäß Ihrem Selbst und handeln so, dass sich Ihr Leben zum Positiven verändert.

Wo wollen Sie denn hin? Eine Vision Ihrer selbst

Wir Menschen besitzen eine einmalige Gabe: Unsere Vorstellungskraft.

Die nutzen Sie jeden Tag, ohne groß darüber nachzudenken. Sie malen sich zukünftige Situationen aus, etwa Ihren nächsten Urlaub oder ein Vorstellungsgespräch. Sie switchen in die Vergangenheit, indem Sie sich an die unfaire Bemerkung einer Kollegin im Büro erinnern und sich dabei genauso aufregen wie in der Situation, in der es tatsächlich zu dem Vorfall gekommen ist. Sie befinden sich mental im Supermarkt, während Sie überlegen, was Sie später zum Abendessen einkaufen wollen. Sie machen sich Sorgen, dass Ihrer Freundin etwas passiert sein könnte, wo sie doch sonst bei jedem Treffen superpünktlich ist, und sehen sie schon im Krankenhaus.

Das Kopfkino läuft den ganzen Tag und seine Qualität hat großen Einfluss auf Ihr Lebensgefühl. Über Ihre Fantasie formen Sie auch Ihr Selbstbild und gestalten Ihre Realität in Form einer selbsterfüllenden Prophezeiung.

Setzen Sie Ihre Vorstellungskraft ein

Was Sie ohnehin ständig tun, können Sie auch bewusst nutzen, um sich positiv zu beeinflussen. Die Psychologie bietet dazu eine Methode, die sich »mentales Training« oder »Visualisieren« nennt. Dabei handelt es sich um eine fokussierte Vorstellung, wie Sie sich in einer bestimmten Situation sehen, fühlen und verhalten wollen. Leistungssportlerinnen wenden diese Technik schon seit Langem an. Unsere Frauenfußball-Nationalmannschaft beschäftigte sogar einige Jahre einen Mentaltrainer und gewann in dieser Zeit sämtliche Turniere. Der Erfolg beruht darauf, dass unser Unterbewusstsein keinen Unterschied zwischen Vorstellung und Realität macht. Das lässt sich leicht mit dem »Zitronen-Test« nachweisen: Schließen Sie Ihre Augen und stellen Sie sich eine Zitrone vor. Sie schneiden sie auf, der Saft tropft heraus. Und nun beißen Sie voll in die saure Zitrone. Spüren Sie es? Wahrscheinlich läuft Ihnen der Speichel im Mund zusammen, und Sie müssen schlucken, als hätten Sie tatsächlich ein Stück Zitrone im Mund.

Ihre Vorstellungskraft ist tatsächlich ein wirksamer Trockenkurs für die Realität. Was Sie sich intensiv vorstellen, kann Ihre Wirklichkeit beeinflussen. Norman Vincent Peale, einer der Väter des positiven Denkens, spricht von einer »schöpferischen Erwartungshaltung«, in die wir uns damit versetzen. Auf dem Weg zu uns selbst kann eine gezielte Vorstellung viel bewirken. Dazu können Sie die klassische Form der Visualisierung nutzen: Entspannen ... Augen schließen ... den inneren Film mit dem gewünschten Inhalt ablaufen lassen. Aber vielleicht haben Sie ja Lust, es einmal mit besonderer Anleitung zu probieren? Dabei müssen Sie es nicht bei inneren Bildern belassen. Sie können sie auch mit einem sogenannten Moodboard konkret sichtbar machen.

Moodboards – Zielsetzung mit Bildern

Bei einem Moodboard, wörtlich übersetzt »Stimmungstafel«, handelt es sich um eine Collage, mit der man seine Wünsche oder Ziele illustriert. Auf einer Pinnwand oder einem Fotokarton stellt man Fotos oder aus Zeitschriften ausgeschnittene Bilder zusammen und ergänzt sie mit passenden Schlagworten und Sätzen. Ein Moodboard gibt Ihnen die Möglichkeit, sich im Alltag jederzeit ohne großen Aufwand an Ihre Ziele zu erinnern und sie sich auf diese Weise einzuprägen – schließlich reicht ein Blick darauf.

Moodboards, auch Visionboards oder Wunschcollagen genannt, werden längst in Kunst, Werbung und Wirtschaft eingesetzt. Für die Einführung einer Marke etwa sind sie unverzichtbar. Sie zeigen auf einen Blick, welche Wertigkeit das Produkt haben soll, welche Farbe, Verpackung und Atmosphäre dazu passt. Auch in der Verlagsbranche nutzt man Moodboards. So entwickelt die Inhaberin eines für seine hochwertigen Bildbände bekannten

Verlages eine Vision der idealen Leserin. Mit Ausschnitten aus internationalen Zeitschriften stellt sie zusammen, wie die imaginäre Traumfrau wohl lebt, was sie anzieht, was sie interessiert, wohin sie reist. Sogar einen Namen hat diese virtuelle Dame, sie heißt »Marie«. Das Ergebnis hängt über dem Konferenztisch im Verlag und hilft bei der Planung der Bücher. Ebenso sammeln Modedesigner, inspiriert von anderen Kulturen oder besonderen Orten, auf einem Moodboard Ideen für ihre neuen Kreationen. Auch die Filmbranche kennt dieses Handwerkszeug. Hier heißt es »Storyboard« und dient zur Visualisierung von Szenen. Auf diese Weise kann man sich noch vor Drehbeginn eine Vorstellung davon machen, wie der Film aussehen soll.

Nutzen Sie die visuelle Wirkung

Was sich auf professionellem Gebiet bewährt, lässt sich auch auf Ihr Leben übertragen. Dabei ist ein Moodboard nicht etwa nur für künstlerisch begabte oder fantasievolle Frauen geeignet, sondern jede kann von dem visuellen Effekt profitieren. Dieses einfache, aber kraftvolle Werkzeug hilft, sich auf ein Ziel oder auch mehrere zu fokussieren. Die besondere Wirkung besteht darin, dass es eine komplexe Botschaft schnell und informativ vermittelt, nach dem Motto »Ein Bild sagt mehr als tausend Worte«. Und es bietet noch einen weiteren Effekt: Während Sie es betrachten, befinden Sie sich emotional in der erwünschten Gegenwart. Ähnlich wie bei einem Tagtraum. Ein Moodboard löst unmittelbar positive Gefühle in Ihnen aus und beflügelt Sie bei der Umsetzung dessen, was Sie als Ziel illustriert haben. Es stimmt Ihr Gehirn darauf ein, sämtliche Gelegenheiten zu erkennen und zu ergreifen, die Sie Ihren Herzenswünschen – und damit Ihrem Selbst – näherbringen.

Christine, einer Chefredakteurin und Verlegerin, half ein Moodboard, kurz vor ihrem 54. Geburtstag einen langjährigen, sehr gut bezahlten Job zu kündigen, in dem sie sich schon lange nicht mehr wohlfühlte. Was besonders mutig war, weil sie keine neue Stelle in Aussicht hatte. Wenig später fand sie »zufällig« eine Aufgabe, die wie für sie gemacht war. Rückblickend sagt sie: »Ich weiß, welche Kraft ich tagtäglich in mir spürte, wenn ich meinen Blick über mein ›MUT-Board‹ schweifen ließ. Denn da standen ausschließlich Dinge, die mir das Gelingen vor Augen führten.«

Magisch? Weniger als man glaubt. Durch eine Collage fokussieren Sie sich auf Ihre Ziele sowie die Erfüllung Ihrer Wünsche und aktivieren damit Ihr Potenzial und Ihre Energie. Indem Sie Ihr Moodboard häufig anschauen, prägen Sie sich ein, was Sie erreichen möchten. Sie programmieren Ihr Unterbewusstsein positiv und setzen so eine selbsterfüllende Prophezeiung in Gang. Über Bilder, Symbole und prägnante Sätze wird ein Wachstums- und Veränderungsprozess angeregt. Das eigene Selbst entdecken und sich danach ausrichten, das ist der Sinn eines Moodboards. Damit haben Sie ein großartiges visuelles Instrument für Ihr »Werde, die du bist!«.

So bereiten Sie Ihre Wunschcollage vor

Generell gilt: Sie können alles mit Bildern und Worten illustrieren, was Sie in Zukunft gerne tun, sein oder besitzen möchten. Aber es geht nicht nur um das fertige Resultat. Schon der Weg dorthin ist ein wichtiger Prozess. Bevor Sie loslegen, müssen Sie sich nämlich die Zeit nehmen, festzustellen, wohin die Reise denn gehen soll. Dazu ist zunächst etwas Selbstreflexion nötig:

- »Auf welchem Gebiet wünsche ich mir eine Veränderung? Etwa im Bereich Gesundheit, Freundschaft, Liebe, Finanzen, Beruf, Karriere, Familie, Abenteuer und Anregung, Aussehen, Wohnen, Entspannung?«
- »Was ist mein großer Traum auf diesem Gebiet?«
- »Was möchte ich gerne sein? Vielleicht Mutter, Chefin, Coach, Schriftstellerin, Freiberuflerin ...?«
- »Wie möchte ich sein? Selbstbewusst, gelassen, sexy, gebildet, emanzipiert, weiblich, beliebt, durchsetzungsfähig ...?«
- »Was möchte ich besitzen? Welche äußeren Dinge brauche ich zu meinem Glück? Etwa schöne Möbel, ein Wohnmobil, ein Atelier, einen Garten ...?«
- »Was möchte ich tun? Reisen, Tango tanzen, meditieren, Kinderbücher illustrieren, im Chor singen, Gedichte schreiben, Webseiten gestalten, ein Netzwerk gründen ...?«
- »Welche Fortbildungen möchte ich machen? Die Heilpraktiker-Ausbildung, den Motorbootführerschein, einen Yogakurs ...?«
- »Was möchte ich können? Fließend Englisch sprechen, Fotografieren, Töpfern, Smalltalken, Motorradfahren, Aquarellmalen, vor Publikum ohne Lampenfieber reden ...?«
- Für alles gilt: »Welche Gefühle verbinde ich damit?«

Schreiben Sie die Antworten in Stichworten auf. Entscheiden Sie, was davon so wichtig für Sie ist, dass Sie es auf Ihrem Moodboard festhalten möchten. Und dann geht es ans Materialsammeln. Nach meiner Erfahrung ist das nicht an einem einzigen Tag getan, sondern es braucht eine Weile, bis man die richtigen Bilder und Texte gefunden hat. Umfangreiches Material bieten Zeitschriften. Durchforsten Sie Magazine, die sich mit Ihren Themen befassen. Blättern Sie die Hefte durch und schauen Sie, wo Ihre Aufmerksamkeit hängen bleibt. Erspüren Sie die Anziehungskraft von bestimmten Bildern oder Sätzen. Sie dürfen Ihrer

Intuition vertrauen, dass Sie schon das genau Passende entdecken.

Schneiden Sie diejenigen Fotos oder Grafiken aus, die Ihre Wünsche optimal illustrieren. Es sollten möglichst solche sein, die bei Ihnen starke Gefühle wecken. Wenn Sie zum Beispiel ein Kind möchten, dann sammeln Sie niedliche Babyfotos. Falls Ihr Traum eine Reise ist, suchen Sie die schönsten Fotos in Reisekatalogen heraus. Ist Ihr Ziel Gesundheit, schneiden Sie vielleicht Fotos von Menschen aus, die Lebensfreude und Beweglichkeit ausstrahlen. Liegt Ihnen Ihre Karriere am Herzen, können Sie Fotos von Events heraussuchen, auf denen erfolgreiche Menschen abgelichtet sind.

Was immer Sie sich wünschen, lässt sich auf einem Bild wie mit einem Schnappschuss festhalten: Ein attraktiver Mann, genau Ihr Typ. Ein Paar, das sich umarmt. Eine Läuferin beim Marathon. Fröhliche Kolleginnen an einem Arbeitsplatz. Eine glückliche Mutter mit einem Baby auf dem Arm. Lachende Menschen auf einer Party. Ein Rockstar auf der Bühne. Ein Bauernhaus auf dem Land. Der Strand einer südlichen Insel. Ein Strohhut und Sandalen. Ein Pokal. Ein Siegertreppchen. Sie können zudem Eintrittskarten, Ansichtskarten, Ausschnitte aus Briefen und Ähnliches verwenden. Ihrer Wahl sind keine Grenzen gesetzt.

Auch Worte haben eine starke Wirkung. Deshalb enthält die Collage außer Bildern auch Schlagworte und Sätze. Die können für sich alleine stehen oder die Abbildungen ergänzen. Überschriften von Zeitschriftenartikeln und Seiten mit Werbung geben dazu eine Menge her. Suchen Sie Wörter, Zitate und Sätze, die in Ihnen eine positive Assoziation wecken, und schneiden Sie sie aus. Etwa »Große Liebe«, »Freiheit«, »Nummer eins«, »Glückwunsch!«, »Hör auf dein Herz«, »Das Leben ist schön«, »Auszeit«, »Meditation«.

Stellen Sie Ihr Moodboard her

Jetzt geht es darum, das gesammelte Material in die passende Form zu bringen. Nehmen Sie als Untergrund einen großen Bogen festes Papier, am besten Fotokarton in der Größe 50 x 70 Zentimeter. Vor Ihnen liegen nun eine Menge Ausschnitte von Bildern und Worten. Meistens schneidet man im Sammeleifer mehr aus, als auf die Unterlage passt. Wählen Sie diejenigen Bilder und Texte aus, die auf Ihr Board sollen. Das ist schon eine erhellende Aufgabe, denn Sie müssen bestimmen, wo Sie Prioritäten setzen wollen. Dazu schieben Sie die einzelnen Teile zunächst wie ein Puzzle hin und her. Was kommt in die Mitte? Was an den Rand? Was setzen Sie nach oben und was nach unten? Dabei können Sie gar nichts falsch machen, Ihre Intuition wird Sie leiten. Sie »wissen« einfach, dass dieser Satz und dieses Bild an der Stelle genau richtig sind. Die Position verrät Ihnen bereits einiges über Sie, das Sie durch bloßes Nachdenken nicht so schnell herausgefunden hätten.

»Ich bin erstaunt, dass mein Berufswunsch doch so zentral ist«, sagte Britta, eine 48-jährige Seminarteilnehmerin. »Ich hatte angenommen, dass mir mein Familienleben wichtiger wäre.« Sie hatte ihre Wünsche nach mehr Verantwortung und Erfolg in die Mitte ihres Moodboards geschoben.

Liegt schließlich alles am richtigen Platz, kleben Sie die einzelnen Elemente fest. Das Endergebnis ist ein individuelles, buntes Bild – die Landkarte Ihrer Träume.

Hängen Sie Ihr Moodboard so auf, dass Sie täglich darauf schauen können. Allerdings gibt es hier eine kleine Einschränkung: Es sollte nur für Sie sichtbar sein. Immerhin enthält es sehr persönliche Hinweise auf Ihre Herzenswünsche, Ihre geheimen Sehnsüchte und Ziele, und die sind nicht für jedes Auge bestimmt. Vor allem nicht für BetrachterInnen, die sich darüber lustig machen könnten oder Ihnen Ihre Träume ausreden wollen. Das würde Sie verunsichern und die Wirkung des Moodboards schwächen. Positionieren Sie es deshalb an einer Stelle, die nur Ihnen zugänglich ist.

Täglich auf das Moodboard zu schauen, ist mehr als nur ein visuelles Vergnügen. Es kann tatsächlich Ihre Einstellung grundlegend verändern. Neurobiologen bestätigen, dass jeder Gedanke, der mit einem Gefühl verbunden ist, eine molekulare Veränderung im Gehirn zur Folge hat. Beim Betrachten der Bilder und Texte sind Ihre Gedanken mit positiven Gefühlen verbunden. Wenn Sie nun diese guten Gedanken über mehrere Wochen täglich bewusst wiederholen, entstehen neue neuronale Verbindungen im Gehirn, seine Struktur verändert sich. Ihr Mut, Ihr Vertrauen in sich selbst und das Leben, Ihr Enthusiasmus und Ihre Freude wachsen. Ich habe das Instrument in Seminaren eingesetzt und habe selbst eine Wunschcollage in meinem Büro hängen. Aus eigener Erfahrung kann ich Ihnen bestätigen, dass sie wirkt. Probieren Sie es aus. Ich bin sicher, es wird ein wunderschönes Abbild Ihres wahren Selbst.

TEIL III: FREIHEIT IN DEN LEBENSBEREICHEN

Finden Sie sich schön!

Hand aufs Herz – finden Sie sich schön? Ich würde mich freuen, wenn Sie jetzt überzeugt Ja sagen. Aber ich vermute, dass es Ihnen wie den meisten Frauen geht. Wir finden uns ganz okay, aber schön? Dazu gibt es denn doch zu viel zu bemängeln. Kleiner Test: Zählen Sie bitte mal drei Dinge auf, die an Ihnen nicht perfekt sind. Das ging schnell und leicht? Dann willkommen im Club!

Aber, liebe Schwester im Geiste, eine abschätzige Sichtweise auf Ihr Äußeres sollten Sie sich nicht länger erlauben, denn damit schränken Sie sich ein: Sie treten nicht so sicher auf wie eine Frau, die von ihrem guten Aussehen überzeugt ist. Möglicherweise investieren Sie viel zu viel Energie in Diäten oder in Sportarten, die Sie eigentlich gar nicht mögen. Sie geben unnötig Geld für Kosmetika mit angeblicher Verjüngungsgarantie aus und liebäugeln vielleicht sogar mit einem Besuch beim Schönheitschirurgen.

Grund genug, um auch auf dem Gebiet der äußeren Selbstwahrnehmung etwas zu verändern und die individuelle Schönheit zu entdecken und zu entfalten. Deshalb soll es jetzt darum gehen, wie Sie eine positive Einstellung zu Ihrem Aussehen bekommen und im Einklang mit dem eigenen Wesen das Beste aus sich machen.

Werfen wir zunächst einen Blick auf die Grundlagen: Wer wird denn überhaupt als schön empfunden? AttraktivitätsforscherInnen wollten es im Laborversuch herausfinden. Dazu bearbeiteten sie Fotos von Männern und Frauen am Computer und zeigten die Varianten dann Versuchspersonen zur Begutachtung. Mit dem Ergebnis: Menschen, deren Gesicht und Körper symmetrisch sind, bei denen also die rechte Hälfte genauso aussieht wie die linke, gelten allgemein als besonders schön. Außerdem zählt Jugendlichkeit, sichtbar vor allem an einer ebenmäßigen Haut. Die Vorlieben stammen offenbar aus unserem biologischen Erbe, denn solche Eigenschaften werden als Anzeichen von Fruchtbarkeit gewertet. Wobei ich an dieser Stelle bemerken möchte, dass wir uns als Kulturwesen gewiss nicht mehr ausschließlich daran orientieren, wie gut sich unser Gegenüber für die Fortpflanzung eignet. Aber immerhin, Symmetrie und glatte Haut sind der kleinste allgemeine Nenner und gelten weltweit. Mit Sicherheit sind das aber nicht die einzigen Kriterien. Neben der Biologie möchte auch die Soziologie ein Wörtchen mitreden. Was als schön betrachtet wird, hängt ebenso von den Vorstellungen einer Gesellschaft ab. Dabei ändert sich das jeweilige Ideal nicht nur im Laufe der Zeiten, sondern unterscheidet sich außerdem oft meilenweit zwischen den Kulturen. In der Renaissance etwa waren ein runder Bauch, breite Hüften und große Brüste reizvoll, wie die üppigen Damen auf Gemälden aus dieser Zeit belegen. Heute müssen übergewichtige Frauen um ihre Akzeptanz kämpfen. Und bei dem äthiopischen Volksstamm der Mursi gilt eine mit einer Holzscheibe auf Tellergröße gedehnte Unterlippe als äußerst attraktiv. Dagegen sind die aufgespritzten Lippen mancher Promis Peanuts.

Auch wenn wir den Kopf über die Extreme in anderen Ländern und Zeiten schütteln, in unserer westlichen Gesellschaft ist das aktuelle Schönheitsideal ebenso der Maßstab, mit dem andere unser Aussehen beurteilen und mit dem wir selbst es messen. Das führt dazu, dass wir unser Äußeres nur deshalb ablehnen, weil es verglichen mit der Vorlage nicht der Norm entspricht.

Wie schön finden Sie sich?

Machen Sie doch einmal den Schönheitscheck: Geben Sie Ihren einzelnen Körperteilen und -merkmalen eine Note von 1= finde ich sehr schön, bis 6 = gefällt mir gar nicht. Tragen Sie die Zahlen hier ein:

Haare:____ Augen:____ Nase:____ Mund:____

Ohren:____ Kinn:____ Zähne:____ Gesichtshaut:____

Gesichtsform:____ Hals:____ Brust:____ Oberarme:____

Hände:____ Bauch:____ Hüfte:____ Taille:____ Po:____

Oberschenkel:____ Beine:____ Füße:____

Fertig? Bei diesem kleinen Check geht es übrigens nicht darum zu überprüfen, wie schön Sie tatsächlich sind, sondern wie liebevoll Sie sich beurteilen. Je häufiger die Noten 4, 5 und 6 auftauchen, desto eher ist zu vermuten, dass Sie mit sich im Hinblick auf Ihr Äußeres streng ins Gericht gehen. Offenbar vergleichen Sie sich mit einem perfekten Ideal. Dadurch besteht die Gefahr, dass Sie sich zumindest teilweise abwerten.

Vielleicht wenden Sie jetzt ein: »Ich beurteile mich gar nicht zu streng, ich bin mir selbst gegenüber nur ehrlich. Meine Haare sind dünn wie Spaghetti, ich habe Schlupflider und Orangenhaut an den Oberschenkeln. Warum sollte ich diesen körperlichen Merkmalen also Bestnoten geben? Das wäre doch purer Selbstbetrug.« Sogar wenn Ihre Kritik berechtigt sein sollte, schadet Ihnen ein hartes Urteil. Indem Sie bestimmte Teile Ihres Körpers ablehnen, beeinträchtigt das indirekt Ihre persönliche Schönheit. Sie strahlen dann nämlich aus, dass Sie sich unattraktiv finden.

Unterschwellig senden Sie entsprechende Botschaften an Ihre Umgebung, vor allem über Ihre Körpersprache. Etwa indem Sie längere Blickkontakte vermeiden, den Kopf eher senken, als ihn selbstbewusst zu heben, unsicher an Ihren Haaren herumfummeln oder die Arme als Schutzschild vor der Brust verschränken. Auch verbal kommt Ihr negatives Selbstbild rüber, falls Sie Komplimente abwehren, statt sich lächelnd dafür zu bedanken. Oder wenn Sie ungefragt auf Ihre vermeintlichen Schwachstellen hinweisen. Habe ich mich doch neulich selbst dabei ertappt, als ich im Schuhgeschäft sagte: »Solche Schuhe kann ich mit meinen Entenfüßen leider nicht tragen.« Schuhgröße 41 ist nun mal nicht gerade zierlich. Früher oder später zeigt die Botschaft Wirkung. Am Anfang widersprechen die anderen vielleicht noch höflich, aber schließlich übernehmen sie Ihr Selbstbild und sehen Sie durch Ihre Brille. Damit haben Sie eine sich selbst erfüllende Prophezeiung in Gang gesetzt: Weil Sie sich nicht schön finden, tut es auch Ihr Umfeld nicht. Und das wiederum bestätigt Ihnen, dass Sie nicht schön sind. Na bitte, Sie haben es ja gleich gewusst! Ein Teufelskreis.

Stellen Sie sich Ihrer inneren Kritikerin

Die gute Nachricht: Was im Negativen funktioniert, funktioniert auch im Positiven. Sobald Sie Ihren Körper lieben und schätzen und wie eine Frau auftreten, die sich attraktiv findet, werden Sie auch so gesehen, selbst wenn Sie objektiv gesehen Ihre Schwächen haben. Vor allem aber fühlen Sie sich wohl in Ihrer Haut. Es lohnt sich also, an einer neuen Selbsteinschätzung zu arbeiten. Sie ist die Basis Ihrer individuellen Schönheit.

Dazu müssen Sie sich zunächst Ihrer inneren Kritikerin stellen, denn die ist auf dem Gebiet der Schönheit besonders aktiv.

Eigentlich hat dieser Persönlichkeitsanteil die positive Aufgabe, Sie zum Besten anzuspornen. Meist übt er die auch sinnvoll aus. So sagt Ihnen Ihre innere Kritikerin vor dem Spiegel in der Umkleidekabine etwa unverblümt: »Der Bikini sitzt zu knapp« oder »Grün macht dich blass«. So weit, so nützlich. Nur besteht bei der inneren Kritikerin die Gefahr, dass sie konsequent alles niedermacht, was optisch nicht der idealen Norm entspricht. Damit mindert sie Ihr Selbstwertgefühl. Wahrscheinlich legt sie die Messlatte so hoch, dass nur noch Supermodels darüber springen könnten. Wollen Sie Ihre innere Kritikerin in die Schranken weisen, müssen Sie schon echte Überzeugungsarbeit leisten, denn sonst gibt sie keinen Deut nach.

Löschen Sie Ihr überholtes Selbstbild

Unsere persönliche innere Kritikerin begleitet uns in Sachen Schönheit schon viele Jahre. Seit wir die erste negative Bemerkung über unser Aussehen gehört haben, führt sie sorgfältig Protokoll. Im Laufe der Zeit hat sich da einiges angesammelt. Zum Beispiel als Mitschülerinnen im Sportunterricht über unsere dicken Oberschenkel lästerten. Oder als wir zufällig hörten, wie unser heimlicher Schwarm gegenüber einem Freund bemerkte: »Die sieht doch krass aus.« Auch unausgesprochene Ablehnungen hat unsere innere Kritikerin registriert, etwa als sich im Feriencamp alle Jungs um unsere hübsche Freundin bemühten und wir uns wie das fünfte Rad am Wagen fühlten. Insgesamt haben frühe Erfahrungen unsere Wahrnehmung über unser Äußeres geprägt – und die ist teilweise im Untergrund bis heute wirksam. Emotional sehen wir uns immer noch mit Babyspeck, Nerd-Brille, Zahnspange oder Pubertätspickeln, obwohl wir uns längst verändert haben.

Falls Sie bis heute von einem alten Selbstbild beeinflusst werden, ist es höchste Zeit zu erkennen, dass es überholt ist. Zumal es oft sogar damals schon völlig unberechtigt war. Vielleicht waren Sie ja gar nicht unattraktiv, sondern man hat Sie aus anderen Gründen abgewertet. Zum Beispiel aus Eifersucht, Boshaftigkeit oder Ignoranz. Eine Klientin erzählte mir, dass ihre Mutter sie wegen ihrer zarten, hellen Haut verächtlich »Bleichgesicht« nannte und ihr damit vermittelte, sie sei hässlich. Möglicherweise entsprachen Sie auch einfach nicht dem damals geltenden Schönheitsideal. So ging es mir. Als Teenager war ich einen Kopf größer als sämtliche Mitschülerinnen. Außerdem trug ich als Einzige in der Klasse eine Brille. Damit entsprach ich so gar nicht dem damals angesagten Bild eines süßen Mädchens. Ich hätte meine Seele verkauft, um so klein und niedlich wie meine Banknachbarin Irene zu sein. Aber ich war die »Bohnenstange« und »Brillenschlange«.

Es wäre doch zu schade, wenn Sie heute noch an den Folgen von falschen, gemeinen, negativen Äußerungen leiden würden. Das tun wir oft mehr, als uns bewusst ist. Ich erinnere mich noch gut an eine Seminarteilnehmerin, eine kluge, gestandene Frau von 42 Jahren, die nur wadenlange Röcke trug, weil sich in ihrer Jugend ein Freund über ihre dicken Knie lustig gemacht hatte.

Schon rein physisch sind Sie längst nicht mehr die von damals. Jede Zelle Ihres Körpers hat sich inzwischen mehrfach erneuert. Höchstwahrscheinlich tragen Sie auch nicht mehr die gleiche Frisur und haben einen anderen Kleidungsstil. Warum sollten Sie dann immer noch die gleiche Meinung über sich im Kopf haben, sich immer noch als Mauerblümchen oder hässliches Entlein sehen? Sagen Sie zu Ihrer inneren Kritikerin: »Schluss mit den überholten Urteilen!« Damit sie es auch wirklich versteht, schreiben Sie jede Kränkung von früher auf, an die Sie sich erinnern. Streichen Sie sie dann mit dickem schwarzem

Filzstift durch und schreiben Sie daneben: »Das ist vorbei!« Die folgenden Erkenntnisse und eine Übung werden Sie zusätzlich stärken:

Erkennen Sie Medienschönheit als Mogelpackung

Sicher ist Ihre innere Kritikerin über das gängige Schönheitsideal bestens informiert und vergleicht Sie gerne damit. Die Medien vermitteln uns Makellosigkeit, und wir lassen uns davon beeinflussen. Obwohl wir es eigentlich besser wissen, dringt es nicht wirklich in unser Bewusstsein, dass man uns da Kunstwesen vorführt. Bei Modeproduktionen für die Zeitschrift *Brigitte* habe ich es seinerzeit selbst erlebt. In die Redaktion kamen unscheinbare junge Mädchen, nach denen sich auf der Straße gewiss keiner umgedreht hätte. Erst nachdem sich eine Make-up- und Hairstylistin mehrere Stunden intensiv darum gekümmert hatte, kam optisch Glamour rüber. Das gilt auch für Film- und Popstars, die ebenso gerne als optische Vorbilder genommen werden. Wenn man sich unzensierte Paparazzi-Schnappschüsse ansieht, möchte man kaum glauben, dass die Frauen, die sonst glamourös über den roten Teppich flanieren oder in Videoclips großartig aussehen, mit diesen grauen Mäusen identisch sind. Auch auf Instagram, wo sich nicht nur prominente Frauen präsentieren, sind die Fotos meist durch Filter geschönt. Influencerinnen im Internet geben zu, dass es oft einen ganzen Tag dauert, bis ein attraktives Foto im Kasten ist.

Egal wie wir tatsächlich aussehen – unter diesen Bedingungen kann jede von uns optisch ein Star sein. Deshalb sollten Sie Ihrer inneren Kritikerin bewusst machen, was vor einer Weile auf Plakaten eines Kosmetikkonzerns zu lesen war: »Nur ein Dutzend Frauen sehen aus wie Supermodels, Millionen tun es nicht.« Das rückt einiges zurecht.

Finden Sie die Funktion wichtiger als Perfektion

In puncto Selbstkritik vor dem Spiegel können wir uns einiges von den Männern abschauen. Eckart von Hirschhausen sagt humorvoll über seine Geschlechtsgenossen: »Wie steht ein Kerl vor dem Spiegel? Frontal, regungslos und kurz. Nach zwei Sekunden ist er mit sich im Reinen – ›passt schon‹. Mehr will er gar nicht wissen. Natürlich hat ein Mann irgendwann auch einen Bauchansatz. Aber kein Mann ist so doof und dreht sich vor dem Spiegel ins Profil!« Studien haben ergeben, dass Männer ihren Körper weniger unter ästhetischen Gesichtspunkten betrachten als vielmehr unter dem Blickwinkel: »Funktioniert er?«, »Was ermöglicht er mir?« Vermitteln wir also unserer inneren Kritikerin diese Sichtweise: Unsere Hände, die wir zu breit finden, können streicheln oder Klavier spielen. Unsere kurzen Beine tragen uns prima durch den Tag. Mit unseren kleinen Augen nehmen wir das Lächeln eines Kindes und den Sonnenuntergang wahr. Grund genug, den geschmähten Körperteilen richtig dankbar zu sein. Ihr Körper ist das wunderbare Instrument für ein glückliches Leben. Auf der Website einer Bewegung für mehr Liebe zum eigenen Körper fand ich den Spruch: »It is the vehicle to your dreams«, er ist das Fahrzeug zu Ihren Träumen.

Schenken Sie Ihrem Körper ein Lächeln

Hier ist eine kleine Übung, mit der Sie Ihrem traumhaften Körper etwas Gutes tun:

- Schließen Sie die Augen und konzentrieren Sie sich auf denjenigen Teil Ihres Körpers, den Sie nicht sonderlich schätzen.
- Senden Sie ihm ein wohlwollendes Lächeln. Sie müssen dabei nicht unbedingt den Mund verziehen, es gibt auch ein innerliches Lächeln.
- Bedanken Sie sich bei dem Teil Ihres Körpers, dass er so treu

seinen Job macht, obwohl Sie die meiste Zeit an ihm herumnörgeln.
- Fragen Sie ihn, was Sie für ihn tun können. Vielleicht gesünder essen? Auf mehr Bewegung achten? Öfter herzlich lachen? Eine besondere Pflege anwenden?
- Gönnen Sie ihm das so oft wie möglich.

Wenn Sie diese Übung regelmäßig machen, wird sich allmählich etwas in Ihnen verändern. Liebevolle Aufmerksamkeit und Dankbarkeit lassen wenig Platz für gnadenlose Perfektion.

Betrachten Sie »Mängel« liebevoll

Nun können Sie natürlich einwenden: »Das mag ja für mein Wohlgefühl alles ganz nützlich sein, aber man darf sich die Dinge auch nicht schönreden.« Tatsächlich wäre es naiv, sich zu sagen: »Wie ich aussehe, ist doch völlig egal, Hauptsache, ich mag mich.« Wir sind nun mal keine blinden Maulwürfe, sondern haben Augen im Kopf. Und es gibt genügend Untersuchungen, die belegen, dass attraktive Menschen erfolgreicher sind. Bei Einstellungen im Job werden sie bevorzugt, bei Vergehen dürfen sie auf mildere Richter hoffen. Auch bei der Partnerwahl fällt der Blick zunächst auf das Äußere, bevor man die schöne Seele des anderen entdeckt.

Sich freundlich zu beurteilen heißt nicht, die Tatsachen zu leugnen oder zu ignorieren. Doch sobald Sie die Realität liebevoll betrachten, gehen Sie anders damit um. Sie hadern nicht mehr mit dem, was Sie nicht ändern können, wie Ihre Gesichtsform oder Ihre Schuhgröße. Außerdem machen Sie sich nicht mehr hoffnungslos nieder. Sie jammern nicht mehr »Ich habe so grässliche dünne Haare«, sondern sagen sachlich: »Ich habe dünne

Haare, deshalb muss ich dafür die beste Frisur finden.« Mit dieser freundlichen, lösungsorientierten Sichtweise können Sie sich gelassen um Ihre individuelle Schönheit kümmern.

Eine weitere gute Möglichkeit für Sie, sich eine andere Sichtweise zuzulegen, besteht darin, den Fokus auf Ihre schönen Seiten zu legen. Nach dem beliebten Business-Motto »Stärken stärken« konzentrieren Sie sich auf Ihre Pluspunkte. Auf Ihre schönen Hände statt auf dicke Oberarme, auf den sinnlichen Mund statt auf die Schlupflider, auf das prächtige Dekolleté statt auf die überflüssigen Pfunde. Ihre Schokoladenseite dürfen Sie dann auch gerne betonen. Die Hände schmücken Sie mit extravaganten Ringen, den Mund mit rotem Lippenstift, das Dekolleté mit einem raffinierten Ausschnitt. Auf diese Weise lenken Sie nicht nur Ihre eigene Aufmerksamkeit, sondern auch die der anderen auf das, was Ihnen gefällt.

Die Zeit ist auf unserer Seite

Für diejenigen, die trotzdem noch mit ihrem Äußeren hadern, zeigt sich ein Silberstreif am Horizont: Wir erleben soeben den Beginn einer Ära, in der Schönheit nicht mehr zwingend einem genormten Ideal entsprechen muss. Das bezeugen etwa Curvy Models, die stolz zeigen, wie attraktiv üppige Formen sind, oder Männer und Frauen auf den Laufstegen dieser Welt, die eher interessant als makellos aussehen. Unsere Gesellschaft macht in puncto Schönheit offenbar gerade eine Wandlung in Richtung Akzeptanz von Andersartigkeit durch. Das Zauberwort heißt »Body Positivity«. Dies ist eine Gegenbewegung zum allgemeinen Drang nach Optimierung und der gängigen Ansicht, was Schönheit bedeutet. Die Anhängerinnen der Body Positivity vertreten die Einstellung, dass jeder Körper gut und richtig ist, so wie er ist. Die 43-jährige Influencerin und Aktivistin Melodie Michelberger plädiert für Vielfalt: »Ich setze mich dafür ein, dass Körper abseits des gesetzten Schönheitsideals in den Medien vertreten sind. Mir ist es wichtig, Menschen dafür zu sensibilisieren, dass wir so viel mehr sind als unser Körper – und das geht nur, wenn eben alle Körper zu sehen sind.« Recht hat sie! Die Beschäftigung mit unserer Schönheit sollte uns nicht länger Frust bereiten, sondern Freude machen. Das vertritt auch die Bewegung »Body Image Movement«, gegründet von der Australierin Taryn Brumfitt. Ihre Mission ist es, Frauen auf der ganzen Welt zu inspirieren, sich und ihren Körper schön zu finden, egal ob dick, dünn, groß, klein oder behindert.

Hallo Beauty!

Sie sollten es sich wert sein, einen liebevollen Blick auf Ihren Körper zu entwickeln und Ihre äußere Erscheinung optimal auf Ihr Inneres abzustimmen. Es lohnt sich auf jeden Fall – für Ihr Selbstbewusstsein und Ihre Wirkung. Egal was die Attraktivitätsforschung über das Ebenmaß des Körpers herausgefunden hat und was Ihnen das gesellschaftliche Mainstream-Ideal vorschreiben möchte – Sie gewinnen die Herzen mit Ihrer Persönlichkeit und nicht, indem Sie einer äußeren Norm genügen. Ich bin davon überzeugt, dass Schönheit nicht wirklich messbar ist. Sie hängt von so vielen Faktoren ab, etwa von der Bewegung, der Körperhaltung, der Stimme, der Art sich zu kleiden, dem Ausdruck der Augen. Der Versuch, Schönheit zu messen, wäre genauso sinnlos, als würde man den Duft einer Rose anhand seiner chemischen Zusammensetzung beschreiben. Sie bestimmen selbst, wie schön Sie sind. Und zwar unabhängig davon, wie symmetrisch Ihre Körperhälften sind, wie perfekt Haut und

Haare, ob Sie lange oder kurze Beine haben. Das gilt sogar für den seltenen Fall, dass Sie – was ich nicht glaube! – wirklich hässlich wären. Dafür gibt es im Französischen den Ausdruck »Belle Laide« – schöne Hässliche. Er bedeutet, dass eine Frau selbst dann äußerst anziehend sein kann, wenn sie keineswegs das geltende Ebenmaß zeigt. Der 2019 verstorbene Modefotograf Peter Lindbergh hat die schönsten Frauen der Welt, Models und Prominente, fotografiert. Er sagte: »Schön ist, wer mit sich im Reinen ist; wer schon ein paar Sachen im Leben richtig gemacht hat. Dann kann man schön sein, und abstehende Ohren oder eine schiefe Nase ändern daran überhaupt nichts.« Wie sehr das Urteil über unser Äußeres von unserer Einstellung abhängt, besagen schon bekannte Sprüche: »Schönheit liegt im Auge des Betrachters« und »Schönheit ist nichts – Gefallen macht schön.« Vielleicht ist »Schönheit« ohnehin nicht der passende Begriff, sondern »Attraktivität«. Das Wort stammt von dem lateinischen Verb »attrahere«, herbeiziehen, anziehen. Wenn Sie sich selbst auch äußerlich akzeptieren und mögen, sind Sie anziehend. Der erste Mensch, dem Sie gefallen sollten, ist der wichtigste: Sie selbst. Die anderen werden Ihnen folgen.

Attraktivität hat kein Verfallsdatum

Wenn wir schon über Attraktivität sprechen, taucht auch die Frage auf, ob dafür eigentlich das Alter eine Rolle spielt. Viele Frauen stellen nämlich fest, dass sie sich ab 40 plus in der Gesellschaft offenbar in ein Neutrum verwandeln und einfach übersehen werden. Auf der Straße gleitet der Blick der Passanten gleichgültig über sie hinweg, auf der Party flirten die männlichen Gäste mit Jüngeren, im Gespräch wendet man sich ebenfalls eher an die jungen Frauen. Muss das wirklich so sein? Ich meine, zum

Tangotanzen gehören immer zwei. Wir Frauen haben unseren Anteil daran, wenn man uns tatsächlich übersieht. Das zu erkennen bringt uns schon mal aus der Opferrolle. Und dann gibt es Mittel und Wege, der sozialen Tarnkappe zu entkommen.

Kleiner Kurs für reife Frauen: So bleiben Sie sichtbar

Es ist durchaus möglich, sich auch mit 40 plus sichtbar zu fühlen und auf sich aufmerksam zu machen. Das erfordert zwar einiges an Selbstbewusstsein und Mut, ist aber effektiv. Hier ist dafür eine Anleitung:

Respekt fürs Alter zeigen

Wir wirken oft unbewusst daran mit, ältere Frauen zu entwerten. »Die kann froh sein, dass man sie in ihrem Alter noch einstellt«, kommentieren wir den neuen Job einer Bekannten, statt anerkennend zu sagen: »Die Firma wird von ihrer Erfahrung profitieren.« Schamhaft verschweigen wir unser Geburtsdatum oder machen uns gleich ein paar Jahre jünger. Sicher ist das eine verständliche Reaktion auf den Jugendkult der Gesellschaft. Aber: Die Gesellschaft sind wir. Fangen wir an, mit Wertschätzung über ältere Frauen zu sprechen, dann führt das früher oder später zu einer anderen Einstellung. Vor allem bei uns selbst!

Die Jugendzeit loslassen

Es hilft ja nichts: Die junge Frau mit dem glatten Gesicht, die wir einmal waren, gehört der Vergangenheit an. Also höchste Zeit, sich von diesem überholten Bild zu verabschieden, mit dem wir uns noch immer identifizieren – und das wir oft genug verklären. Was wir nämlich leicht vergessen: Die Jugend war nicht nur schön, und wir waren nicht nur rundherum glücklich. Allein schon der Kummer über zu wenig Busen, über Pickel oder schiefe Zähne. Oder die quälende Schüchternheit und Unsicherheit. Wollen wir ernsthaft dahin zurück? Heute wissen wir, wo wir stehen. Wir haben unseren Stil gefunden, Lebenserfahrung und Sicherheit gewonnen. Dieser Gedanke macht den inneren Abschied gewiss leichter und gibt uns Energie, um den Blick auf eine neue interessante Lebensphase zu richten.

Stärken ausspielen

Wenn wir mit jungen Frauen in puncto jugendlicher Schönheit konkurrieren, ziehen wir garantiert den Kürzeren. Die Zeit lässt sich auch mit Tricks nicht zurückdrehen: Trotz straffem Facelifting sieht man das Alter immer noch an den Händen und an der Bewegung. Junge Modetrends wie T-Shirts mit witzigem Aufdruck machen eine reife Frau paradoxerweise optisch älter. Auch eine betont jugendliche Sprache klingt bei ihr weder cool noch geil, sondern eher peinlich. Es bringt also nichts, junge Frauen zu imitieren. Lieber sollten wir uns bewusst machen: Wir spielen jetzt in der Oberliga. Unsere Stärken sind vor allem Souveränität, Stil, Klugheit und Charme.

Sich ins Spiel bringen

Wenn man uns keine Aufmerksamkeit schenkt, müssen wir sie uns holen. Statt uns einfach ausblenden zu lassen und zur stummen Statistin zu mutieren, uns gekränkt zurückzuziehen oder zu schweigen, fahren wir die Gegenstrategie: Wir ergreifen das Wort, mischen uns ins Gespräch ein, sagen unsere Meinung und begründen sie ausführlich. Wir wenden uns direkt an diejenigen, die uns ignorieren, und stellen ihnen Fragen, sodass sie antworten müssen. Das ist nicht aufdringlich, sondern angemessen. Und vor allem tut es unserem Selbstbewusstsein gut.

Schlechtes Benehmen ignorieren

Wer uns konsequent übersieht oder gar beleidigt, nach dem Motto »Was will denn die Alte hier?«, ist einfach nur dumm und unerzogen. Wir sollten uns bewusst machen, dass ignorantes Verhalten nicht allein ältere Frauen betrifft. Das kann jeder passieren. Es gibt unsensible Menschen, und wer sich außerhalb einer willkürlich festgelegten Norm befindet, kriegt das zu spüren. Das sollte man keinesfalls persönlich nehmen, sondern sich sagen: »Was kümmert es den Mond, wenn ihn ein Hund anbellt?«

Positives wahrnehmen

Es ist eine genetisch bedingte Tatsache, dass sich Negatives weitaus stärker einprägt als Positives. *Ein* Mann, der uns übersieht, wirkt sich auf unser Selbstwertgefühl mehr aus als fünf Männer, die uns Aufmerksamkeit schenken. Die nehmen wir dann gar nicht mehr wahr. Ein kleines Experiment, das übrigens auch für jüngere Frauen nützlich ist: Gehen Sie mit einer Freundin aus. Sie soll heimlich darauf achten, wer Ihnen einen interessierten Blick zuwirft oder mit Ihnen ins Gespräch kommen möchte. Das sind garantiert mehr Männer, als Sie selbst merken.

Weibliche Attraktivität forever!

Wer sagt denn, dass ab 40 nicht mehr geflirtet werden darf? Auch wenn Sie im reifen Alter sind, können Sie mit Ihren weiblichen Möglichkeiten spielen. Wenn Sie Ihre Attraktivität innerlich und äußerlich pflegen, dürfen Sie sicher sein, dass sie bemerkt wird. Mit einer charmanten, gut aussehenden, gepflegten Frau ist jeder gerne zusammen. Sollte Ihr Gegenüber das anders sehen, gilt es, Haltung zu bewahren. Beleidigt oder wütend zu reagieren, bringt nichts. Dann packt man Sie nur in die Zicken-Schublade. Bleiben Sie souverän und gelassen.

Ein überzeugendes Role Model

Iris Apfel ist ein Covergirl, wirbt mit ihrem Gesicht für einen Kosmetikkonzern, ist Testimonial für einen Hersteller edler Taschen. Ihre Kleidung und Accessoires wurden im Metropolitan Museum of Modern Art in New York ausgestellt. Fast eine Million Fans folgen ihr auf Instagram und Facebook. Iris Apfel ist über 90.

Wie kommt es, dass eine alte Dame mit vielen Falten und einem nicht sonderlich gefälligen Gesicht so Furore macht? Es liegt daran, dass Iris Apfel seit jeher darauf besteht, innerlich und äußerlich sie selbst zu sein:

»Mir wurde klar, ich musste ich selbst sein, um zufrieden sein zu können. Wenn man versucht, es allen recht zu machen, bleibt nichts von einem übrig.« In einem offenen Brief an die Leserinnen ihres Buches *Iris Apfel. Accidental Icon* schreibt sie: »Wenn du nichts riskierst, lebst du nicht. Ein Risiko einzugehen tut nicht weh, probiere etwas Neues aus [...] Manchmal musst du einfach loslegen, auch wenn es nur ein kleiner Schritt ist. In meinen über 90 Jahren habe ich diese Philosophie aufs Leben – und aufs

Kleiden – angewendet und bin nie falsch damit gefahren.« Tatsächlich ist Iris Apfel ein echter Hingucker: Ihr Markenzeichen ist eine riesige runde schwarze Brille. Ihr Outfit ist ebenso exzentrisch wie originell. Sie trägt Gewänder in leuchtenden Farben und pfundweise dekorativen Modeschmuck. Vermutlich würden sich die meisten von uns so nicht aus dem Haus trauen, aber man kann sich von ihrem Styling etwas abschauen. Es gibt tatsächlich keinen Grund, sich ab den Wechseljahren mit langweiligen Outfits unsichtbar zu machen. Iris Apfel ermutigt Frauen, sich auch optisch zu zeigen: »Warum nicht auch einmal etwas tragen, das der ganzen Welt sagt: ›HIER BIN ICH HEUTE!‹« Ja, warum eigentlich nicht?

Drücken Sie Ihr Selbst durch Kleidung aus

Über der Beschäftigung mit unseren von der Natur gegebenen optischen Eigenschaften vergessen wir oft, dass ein Großteil unserer positiven äußeren Wirkung vollkommen in unserer Hand liegt: Wir haben die Möglichkeit, mit unserer Kleidung zu zeigen, wer wir sind.

Die Übereinstimmung von Kleidung und Selbst ist eine Voraussetzung dafür, dass wir großartig angezogen sind. Das gilt sogar dann, wenn wir im Korsett eines beruflichen Dresscodes stecken.

Eine Frau, die das lustvoll vor den Augen der Öffentlichkeit auslebt, ist Christine Lagarde, Jahrgang 1956, Präsidentin der Europäischen Zentralbank. Mit einer prägnanten Nase und Falten im Gesicht ist sie gewiss keine gängige Schönheit. Aber sie versteht es, sich mit ihrer Kleidung zu inszenieren, weil sie weiß, wer sie ist und was ihr steht. Der Stilcoach Andreas Rose schwärmt in einem Blog des *Manager Magazins*: »Christine Lagarde balanciert äußerst geschmeidig auf dem schmalen Grat zwischen dem, was in ihrem Umfeld als seriös erachtet wird, und einer eigenen Note, mit der sie kundtut, dass sie nicht nur ihren Job verkörpert, sondern eben auch eine gewisse Christine Lagarde ist, mit einem eigenen Kopf. [...] Lagardes Stilsicherheit lässt sie zugleich authentisch wirken. Obwohl man weiß, dass sie nichts dem Zufall überlässt, ist ihr Erscheinungsbild immer stimmig. Bei anderen würde man den Kopf schütteln, bei ihr denkt man, wow, sie hat's einfach raus.«

Ihr Outfit muss Ihrem Selbst entsprechen

Sie müssen sich gut kennen, wenn Sie mit Ihrer Kleidung Ihre individuelle Schönheit betonen wollen. Denn auch wenn modisch alles korrekt ist, ergibt das noch keinen wirklich attraktiven Eindruck. Solange Ihr Outfit nicht mit Ihrem Selbst übereinstimmt, wirken Sie verkleidet und lösen damit beim Betrachter unbewusst Irritationen aus.

Nun ist der Kontrast zwischen Persönlichkeit und äußerer Erscheinung ja selten extrem. Eine klassische Hamburger Lady wird man kaum im pinkfarbenen Overall mit Glitzerapplikationen antreffen. Es sind eher die kleinen Fehlgriffe, die das stimmige Gesamtbild stören. Davor ist zunächst wohl kaum eine Frau gefeit. Ich bin mir inzwischen auf die Schliche gekommen, unter welchen Umständen ich mich bisher gerne modisch vergriffen habe: Wenn etwas an einer anderen Frau gut aussah, weil es zu ihr passte, habe ich den Effekt auf mich übertragen und nach einem ähnlichen Stück gesucht. Auf diese Weise ist zum Beispiel ein Jäckchen im Chanel-Stil an mir gelandet und eine rosa Bluse mit Volants, dabei bin ich wesensmäßig weder eine Society-Lady noch eine zarte Prinzessin. Beides fand denn auch schnell den Weg in einen Secondhand-Laden.

Glück ist ein Wegweiser zum eigenen Stil

Sich selbst zu erkennen und das dann auf das Outfit zu übertragen, ist allerdings gar nicht so einfach. Unsere gesellschaftlichen Normen bewirken auch in puncto Kleidung, dass wir nicht mehr so recht wissen, was wirklich zu uns passt. Modediktate führen dazu, dass wir uns zu sehr den gängigen Forderungen angleichen. Ab 30 keinen Minirock. Mit Größe 44 keine auffallenden Muster. Mit 60 plus auch bei Hitzewelle niemals nackte Oberarme. Keine hängenden Ohrringe bei länglicher Gesichtsform. Und was dergleichen modische Vorschriften mehr sind. Am Ende greifen wir verunsichert nach allgemein Akzeptiertem und Bewährtem.

Doch es gibt eine Methode, mit der Sie Ihr wahres Wesen auch modisch wiederentdecken: Indem Sie herausfinden, welche Kleidungsstücke Sie glücklich machen. Ich gebe zu, das hört sich zunächst etwas verrückt an. Wieso sollen mich ein T-Shirt oder mein Wintermantel glücklich machen?

Lassen Sie sich überraschen.

Die US-Japanerin Marie Kondo ist Expertin in Sachen Aufräumen. Ihr Bestseller *Magic Cleaning* ist die Bibel für alle, die auch in ihrem Kleiderschrank Tabula rasa machen möchten. Marie Kondo besteht zunächst darauf, dass man sämtliche Kleidungsstücke komplett hervorholt. Während herkömmliche Aufräum-Coaches nun die Anweisung geben, alles zu entsorgen, was man länger als ein Jahr nicht getragen hat oder was einem nicht mehr passt, hat Kondo einen subtileren Ansatz. Sie fordert uns dazu auf, jedes Kleidungsstück einzeln in die Hand zu nehmen und uns zu fragen: »Macht es mich glücklich?« In diesem Punkt können wir uns nämlich nicht selbst belügen. Modevorschriften haben hier keinen Zugriff, weil unser Glücksgefühl direkt mit unserer Seele verbunden ist. Wir können uns darauf verlassen, dass es uns verrät, was wirklich zu uns passt.

Ich habe ihre Methode selbst ausprobiert. Zunächst saß ich unschlüssig vor einem Berg Kleider, die ich rigoros aus dem Schrank gezogen hatte. Dann nahm ich Stück für Stück in die Hand und fragte mich bei jedem, ob es mich glücklich machte. Das Jeanshemd? Nein. Die graue Hose? Ja. Der beige Trenchcoat? Ja. Das Blümchenkleid? Nein. Der Pullover mit Pailletten? Nein. Es ist erstaunlich, wie klar man sofort intuitiv erkennt, welches Teil »glücklich macht«. Am Ende war der Inhalt meines Kleiderschrankes um die Hälfte geschrumpft. Freundinnen, Flohmarktbesucherinnen und soziale Läden freuten sich darüber. Trotzdem hatte ich das Gefühl, mehr zum Anziehen zu haben als zuvor. Weil eben die verbleibenden Kleidungsstücke wirklich zu mir passen.

Setzen Sie Ihr Selbst in Mode um

Wenn Ihnen die Glücksmethode nicht liegt, dann können Sie auch Ihren klugen Kopf benutzen. Versuchen Sie, ein oder zwei besonders treffende Adjektive für sich zu finden. Vielleicht kommt bei Ihnen heraus: Sensibel und fein. Vornehm und taktvoll. Natürlich und unkompliziert. Exzentrisch und eigenwillig. Bescheiden und zurückhaltend. Edel und anspruchsvoll. Bodenständig und praktisch. Kreativ und fantasievoll. Verträumt und romantisch. Locker und offen. Diszipliniert und erfolgreich. Apart und besonders. Selbstbewusst und aktiv. Liebevoll und hilfsbereit. Ruhig und vernünftig. Geheimnisvoll und verführerisch. Lebhaft und mutig. Luxuriös und elegant. Sportlich und zielbewusst. Kapriziös und extravagant.

Damit haben Sie nicht nur ein gutes Stück Selbsterkenntnis gewonnen, sondern gleichzeitig die Grundlage für Ihren modischen Einkaufszettel. Raf Simons, ehemals Modedesigner für Jil Sander, beschreibt es treffend: »Meine Kleider sind Medium meiner Haltung.« Indem Sie zu Ihren Stichworten die passende Kleidung finden, bringen Sie Ihr Inneres mit Ihrem Äußeren in Einklang und erreichen einen attraktiven Gesamteindruck.

Sie fragen sich jetzt vielleicht etwas ratlos, wie das denn praktisch funktionieren soll. Keine Sorge, Sie werden keineswegs grübelnd vor einem Kleiderständer im Kaufhaus stehen. Ihre Stichworte aktivieren nämlich ganz von allein Ihre Wahrnehmung, und zwar blitzschnell. Angenommen, Ihre Stichworte sind »sensibel und fein«. Wenn Sie sich daran orientieren, dann greifen Sie bestimmt eher nach dem schmalen Ledergürtel mit Silberschnalle als nach dem knalligen roten Lackgürtel, der an der Puppe im Schaufenster so schick aussieht. Oder nach dem Rock aus Seide statt nach dem aus Tweed, der Ihrer sportlichen Freundin gut steht. Das Kostüm und der Hosenanzug sind dann aus weichem, lockeren Stoff, im Gegensatz zu einem strengen Nadelstreifen-Look, zu dem Sie für einen Auftritt im Job ursprünglich greifen wollten. Probieren Sie es einfach aus. Sie werden staunen, wie zielsicher Sie plötzlich wählen. Ist Ihnen die Übertragung Ihrer Persönlichkeit auf die Kleidung erst einmal zur Routine geworden, reicht es völlig, dass Sie sich bei einem Kleidungsstück kurz die Frage zu stellen: »Bin ich das?« Lautet die innere Antwort »Nein«, dann Finger weg! Und wenn das Teil objektiv gesehen noch so schön ist!

Vielleicht haben Sie jetzt den Eindruck, Sie würden sich durch Ihre Stichworte zu sehr festlegen. Schließlich fühlen Sie sich nicht jeden Tag gleich und haben keine Lust, immer langweilig dasselbe anzuziehen. Das müssen Sie auch nicht. Ihr Wesen oder Ihr Naturell ist eine Grundtönung. Natürlich kann die auch mal von einer aktuellen Stimmung überlagert sein. Die kontaktfreudige, quirlige Frau hat Liebeskummer und fühlt sich gerade alles andere als heiter, die vernünftige ist befördert worden und in übermütiger Champagnerlaune.

Wechselnde Stimmungen dürfen Sie gerne in Ihrem Outfit ausdrücken. Schöpfen Sie dazu die Möglichkeiten Ihres Stil-Bereiches aus. Unterschiedliche Farben und Formen geben jede Menge Spielraum innerhalb Ihrer Klasse. Aber mein Rat aus eigener Erfahrung: Wildern Sie nicht unbedingt in anderen Bereichen, etwa indem Sie sich als »Vernünftige« vor lauter Freude ein quietschbuntes T-Shirt mit witzigem Aufdruck zulegen. Nichts gegen Spontankäufe aus einer Stimmung heraus, aber Sie würden es gewiss schon bald bereuen und das Teil vermutlich kein zweites Mal anziehen. Das ist verlorenes Geld. Mit einem farbigen Tuch etwa könnten Sie als »Vernünftige« Ihre gute Laune ebenso ausdrücken. Das wäre weniger schrill und damit stimmiger für Ihre Persönlichkeit – und nachhaltiger.

Möglicherweise klingt das alles mächtig nach Arbeit und Disziplin, doch das scheint nur so. In Wahrheit macht es richtig Spaß. Sie werden sehen, wie spannend es ist herauszufinden, was Ihrer Persönlichkeit entspricht und Sie deshalb wirklich schön macht. Aus eigener Erfahrung weiß ich: Es kann glatt zum Hobby werden, das eigene Selbst passend einzukleiden.

Gestalten Sie Ihre Beziehungen

Ein kleines Gedankenspiel: Angenommen, Sie hätten gegenüber den Menschen, mit denen Sie regelmäßig Kontakt haben, keinerlei äußere oder innerliche Verpflichtungen – wie würden Sie sich verhalten? Vielleicht sähe Ihr Alltag dann anders aus. Er wäre viel mehr auf Ihre Bedürfnisse zugeschnitten. Etwa so: Sie weigern sich, an langweiligen Meetings teilzunehmen, begleiten Ihren Partner nicht mehr lustlos ins Fußballstadion und meiden die geschwätzige Nachbarin. Vielleicht sagen Sie auch den üblichen Besuch bei den Schwiegereltern ab und ignorieren das ewige Gejammer einer Freundin. Stattdessen arbeiten Sie die halbe Nacht an einem interessanten Projekt, sehen hintereinander fünf Teile Ihrer Lieblingsserie und ersparen es sich, regelmäßig zu kochen. Vielleicht sähe sogar Ihr ganzes Leben anders aus: Sie machen endlich eine Weiterbildung, ziehen von der Stadt aufs Land, setzen das gemeinsame Geld für eine eigene Geschäftsidee ein.

Leider bleibt solche Freiheit meist eine schöne Fantasie. Niemand ist eine Insel, wir sind Teil eines individuellen Netzwerkes, dem wir uns mehr oder minder anpassen müssen. Teilweise tun wir das gerne, aus Liebe und Zuneigung, teilweise aus Klugheit, etwa im Beruf. Manchmal auch zähneknirschend. Das bedeutet jedoch nicht, dass Sie deshalb Ihre Wünsche und Bedürfnisse komplett zurückstellen müssen. Wie weit Sie trotz notwendiger Kompromisse Ihr Selbst entfalten können, hängt nämlich von der Qualität Ihrer Beziehungen ab.

Gute Verbindungen stärken Sie nicht nur seelisch, sondern sogar körperlich. Sind Sie mit Menschen zusammen, die Sie lieben, schätzen und unterstützen, schüttet Ihr Gehirn Oxytocin aus. Man bezeichnet es auch als das Vertrauenshormon. Es hemmt Stress und Angst in sozialen Situationen und stimuliert via Belohnungszentrum selbstbewusstes Verhalten.

Bei negativen Verbindungen geschieht genau das Gegenteil. Der Körper schüttet Stresshormone aus, man fühlt sich unwohl und leidet. Auf die Dauer kann das sogar krank und depressiv machen.

Ihr Umfeld beeinflusst Sie

Tatsächlich ist der Einfluss der Menschen, mit denen wir zu tun haben, meist größer, als uns bewusst ist. Vermutlich kennen Sie die Aussage: Du bist der Durchschnitt der fünf Menschen, mit denen du die meiste Zeit verbringst. Das heißt, wir sind in etwa so erfolgreich oder erfolglos, glücklich oder unglücklich, gesund oder ungesund wie sie. Wissenschaftliche Untersuchungen bestätigen den starken Einfluss unseres unmittelbaren Umfelds. So hat man zum Beispiel herausgefunden, dass sich das Körpergewicht unserer engen Freunde auf uns auswirkt. Sind sie füllig, legen auch wir einige Pfunde zu. Ebenso sind wir in puncto Sucht, etwa Rauchen und Alkohol, gefährdet, wenn nahestehende Menschen diesen Lastern frönen. Auch Emotionen sind übertragbar. Psychologen und Soziologen der Universitäten Chicago, Harvard und San Diego, die über zehn Jahre lang die Sozialkontakte von mehr als fünftausend Menschen auswerteten, fanden heraus, dass Einsamkeit ansteckend ist. Wenn ein Proband sich zu einem bestimmten Zeitpunkt einsam gefühlt hatte, war die Wahrscheinlichkeit hoch, dass sich Mitglieder seiner Familie oder enge Freunde bald darauf ebenfalls einsam fühlten. Am stärksten war der Effekt, wenn die Beziehungen sehr eng waren.

Sicher brauchen Sie keine wissenschaftliche Studie, um am

eigenen Leib zu spüren, dass ein ängstlicher, pessimistischer oder abwertender Mensch, mit dem Sie Zeit verbringen, Sie mit seiner negativen Energie ansteckt. Ebenso färbt auch ein positives, mutiges, wertschätzendes Verhalten auf Sie ab.

Umso wichtiger ist es, dass Sie achtsam sind, mit wem Sie sich umgeben und welchen Einfluss Sie diesen Personen zubilligen. Das gilt besonders für die Menschen, die Ihnen sehr nahestehen, aber auch für diejenigen, mit denen Sie häufig Kontakt haben. Grund genug, einmal alle diejenigen ins Visier zu nehmen, die Sie umgeben, sie auf Herz und Nieren zu prüfen und sich zu fragen, inwieweit sie Ihr Selbst fördern oder hemmen.

Überprüfen Sie Ihre fünf nächsten Menschen

Den größten Einfluss auf Sie haben die Menschen, mit denen Sie räumlich, zeitlich und emotional eng verbunden sind. Es müssen nicht unbedingt fünf sein, weniger sind auch in Ordnung, aber offenbar hat sich diese Zahl bewährt. Meine wichtigsten fünf sind zum Beispiel mein Ehemann, mein Sohn, zwei gute Freundinnen und eine Kollegin, mit der ich gemeinsam Projekte durchführe. Vielleicht sind es bei Ihnen Ihre Mutter, Ihre Yogalehrerin, Ihr Freund, Ihre Mentorin und Ihr Psychotherapeut. Sie bestimmen, wer zu Ihrem »Inner Circle« gehört. Auf dessen Mitglieder sollten Sie jetzt einen genauen Blick werfen:

- Nehmen Sie ein Blatt Papier und zeichnen Sie einen Stern mit fünf Zacken.
- Schreiben Sie an jede Zacke den Namen eines der Menschen, die Ihnen besonders nahestehen und mit denen Sie die meiste Zeit verbringen. Dabei müssen Sie nicht unbedingt ständig physisch mit ihnen zusammen sein, es zählen auch regelmäßige Telefonate oder intensive Social-Media-Kontakte.

- Schreiben Sie zu jeder Person fünf Eigenschaften, die sie auszeichnen, positive und negative. Zum Beispiel: Verlässlich, klug, sensibel, bevormundend, geht ungern unter Leute. Oder: Geschäftstüchtig, ehrgeizig, kreativ, loyal, verträgt keine Kritik.

Nun schauen Sie sich Ihren Stern an. Diese 25 Eigenschaften üben ständig einen Einfluss auf Sie aus. Über die positiven dürfen Sie sich freuen, aber bei den negativen sieht es weniger gut aus. Denen sind Sie nämlich ebenfalls kontinuierlich ausgesetzt. Das bedeutet, dass Sie gefährdet sind, sich danach auszurichten. Überlegen Sie: Was macht es mit Ihrem Selbst, wenn etwa Ihr Partner kontaktscheu ist und am liebsten zu Hause sitzt oder Ihnen häufig vorschreibt, was Sie zu tun haben? Wenn Ihre Mutter, mit der Sie täglich telefonieren, immer etwas an Ihnen zu kritisieren findet? Oder wenn Ihre beste Freundin auf neue Ideen ängstlich reagiert? Wenn die Kollegin, mit der Sie eng zusammenarbeiten, Sie ständig mit ihrem Perfektionismus stresst?

Auch wenn Sie eine andere Einstellung als diese Personen haben, früher oder später wirkt sich deren Verhalten auf Sie aus. Sei es, dass Sie sich um des lieben Friedens willen anpassen, sei es, dass Sie darunter leiden und es Ihnen Energie abzieht oder dass Sie Gedanken übernehmen, die Sie kleinmachen und bremsen. Deshalb sollten Sie sich in Ruhe jede negative Eigenschaft vornehmen und sich fragen: »Was bedeutet das für mich?«

Im nächsten Schritt überlegen Sie: »Wie kann ich das ändern?« Vielleicht hilft Ihnen ein offenes Gespräch, in dem Sie eventuell sogar auf Konsequenzen hinweisen: »Mama, wahrscheinlich hast du es noch nicht gemerkt, aber du kritisierst mich dauernd. Das tut mir nicht gut und ich möchte dich bitten, damit aufzuhören. Sonst werde ich dich nicht mehr so häufig anrufen.« Oder: »Liebe (Name), deine Bedenken nehmen mir jeden Schwung. Sei so gut und behalte sie für dich. Sonst mag ich dir nicht mehr erzählen, was ich vorhabe.« Oder Sie reagieren mit Humor auf die Bevormundung Ihres Partners: »Schatz, ich bin schon groß. Du musst mir nicht erklären, wie der Toaster funktioniert.« Der Kollegin sagen Sie deutlich: »Ich finde, ›gut ist gut genug‹, und ich bin nicht bereit, mich einem übertriebenen Anspruch zu beugen.«

Wenn Sie das Problem nicht offen ansprechen können oder wollen, wappnen Sie sich zumindest innerlich. Zum Beispiel mit Sätzen wie: »Das betrifft mich nicht.«, »Das ist ihr/sein Problem – nichts meins!« Oder: »Ich habe andere Werte.«, »Ich bin ein anderer Mensch.« Kürzlich erzählte mir eine Frau, dass sie sich in solchen Fällen den bekannten Spruch vorsagt: »Not my circus, not my monkey.« – »Nicht mein Zirkus, nicht mein Affe.« Solche Mantras sind wie ein Schutzschild und helfen, innerlich Abstand zu gewinnen.

Allgemein verlangen uns die Menschen, die uns nahestehen, besonders viel ab: Aufmerksamkeit, Zuwendung, Zeit und Energie. Das gilt für die Familie, vor allem aber für die Partnerschaft. Aus Liebe und Pflichtgefühl sind wir bereit, alles zu geben. Schön und gut, doch darf das niemals in Selbstaufgabe ausarten. In einer Beziehung sollte immer so viel Raum sein, dass Sie auch noch Ihre eigenen Interessen verfolgen können. Machen Sie Ihr Glück, Ihre Bedeutung und Ihr Wohlgefühl nie von einem einzigen Menschen abhängig. Eine zu enge Bindung beeinträchtigt Ihre Persönlichkeit. Und wenn wir ehrlich sind, ist Liebe ja selten das einzige Motiv, uns aufzugeben. Dahinter versteckt sich oft die Angst, verlassen zu werden, nicht zu genügen oder kritisiert zu werden. Ihr Selbst braucht jedoch einen gewissen Grad von Unabhängigkeit und Eigenleben, um sich zu entfalten. Wagen Sie es, das zu beanspruchen.

Sortieren Sie Ihre Kontakte

Außer den fünf Menschen, die Ihnen am nächsten stehen, gibt es natürlich noch eine größere Gruppe in Ihrem Umfeld. Dazu gehören etwa ArbeitskollegInnen, FreundInnen, Vereinsmitglieder, KundInnen, Nachbarn und Bekannte. Auch sie üben mehr oder minder Einfluss auf Sie aus und formen Ihr Selbstbild. Es macht schließlich einen Unterschied, ob man Ihnen wertschätzend begegnet oder Sie abwertet. Mit Blick darauf, welchen Einfluss Ihre Umgebung auf die Entfaltung Ihres Selbst hat, ist es nützlich, auch diesen Kreis kritisch unter die Lupe zu nehmen. Dabei hilft ein Soziogramm, eine grafische Darstellung, wer zu Ihnen in Beziehung steht.

Sie müssen dazu nicht jede Person aufführen, mit der Sie Kontakt haben, das würde den Rahmen sprengen. Wählen Sie nur diejenigen aus, die wichtig für Sie sind.

Zeichnen Sie ein Soziogramm Ihrer weiteren Beziehungen

- Zeichnen Sie auf einem Blatt Papier in die Mitte einen Kreis und schreiben Sie Ihren Namen hinein.
- Verteilen Sie um Ihren Kreis herum die Namen derjenigen, mit denen Sie in Ihrem weiteren Umfeld privat oder beruflich häufig zu tun haben. Wählen Sie einen größeren oder kleineren Abstand, je nachdem, wie intensiv der Kontakt ist.
- Zeichnen Sie um den jeweiligen Namen ebenfalls einen Kreis.

Am Ende sieht Ihr Soziogramm wie eine Sonne aus, um die einige Planeten kreisen. So haben Sie einen guten Überblick, wer mit Ihnen verbunden ist. Jetzt geht es darum, die Qualität Ihrer »Planeten« zu erkunden. Gute und schädliche Beziehungen funktionieren nach bestimmten Gesetzmäßigkeiten. Deshalb können Sie jede Person in Ihrem »Sonnensystem« anhand bestimmter Kriterien beurteilen – das gilt übrigens auch für Ihre fünf wichtigsten Menschen. Gleichen Sie zunächst die positiven Aspekte ab:

Checkliste: Wie positiv ist Ihre Verbindung?

Dieser Mensch ...

- geht respektvoll mit Ihnen um.
- hat die gleichen Werte.
- verfolgt ähnliche Ziele.
- ist zuverlässig.
- verträgt es, dass Sie offen mit ihm sprechen.
- gönnt Ihnen Erfolge.
- hat einen ähnlichen Lebensstil in puncto Freizeit, Geld, Partnerschaft, Familie.
- unterstützt Ihre Pläne.
- kritisiert Sie konstruktiv.
- hat eine optimistische Lebenseinstellung.
- sorgt dafür, dass Geben und Nehmen in Ihrer Beziehung ausgeglichen sind.
- inspiriert Sie mit Gedanken, Ideen oder seinem Verhalten.

Je mehr dieser positiven Aussagen Sie für eine Person bejahen können, desto wertvoller ist die Beziehung für Sie.

Sie können das Pferd aber auch von hinten aufzäumen und überprüfen, was eventuell nicht stimmt:

Checkliste: Wie negativ ist Ihre Verbindung?

Dieser Mensch ...

- nimmt permanent mehr, als er gibt.
- ist bei einer echten Krise nicht zur Stelle.
- redet in Ihrer Abwesenheit schlecht über Sie.
- ist neidisch auf Ihre Erfolge.
- kritisiert Sie ständig.
- redet nur von sich.
- hat ohne triftigen Grund keine Zeit, wenn Sie ihn brauchen.
- nutzt Sie aus, wenn es ums Zuhören, um Geld, Kontakte oder Fähigkeiten geht.
- jammert ständig, ohne etwas zu ändern.
- ist pessimistisch und findet immer das Haar in der Suppe.
- hat andere Werte, zum Beispiel in puncto Verlässlichkeit und Loyalität.
- erzählt Geheimnisse weiter.

Schon drei dieser Eigenschaften sollten ausreichen, um bei Ihnen ein Warnlämpchen aufleuchten zu lassen.

Machen Sie hinter die Namen der Personen in Ihrem »Sonnensystem« entweder ein Plus für eine wertvolle Beziehung oder ein Minus für eine schädliche. Wo Sie unentschlossen sind, setzen Sie ein Fragezeichen. Hier bedarf es noch einiger Beobachtung, bis das Pendel eindeutig in eine Richtung ausschlägt. Behalten Sie das im Auge.

Für Eilige: Der Kontakt-Filter

Falls Sie weder Zeit noch Lust haben, Ihren Freundes-, Kollegen- und Bekanntenkreis gründlich anhand der Checklisten zu überprüfen – obwohl sich das lohnt! –, dann empfiehlt sich die Kurzform. Bündeln Sie Ihre sämtlichen Erfahrungen mit einem Menschen und schicken Sie sie durch diesen Filter:

»Wie fühle ich mich nach einer Begegnung mit dieser Person?«

a) Voller Energie und Optimismus. Bereichert. Inspiriert. Entspannt.
b) Ausgelaugt. Erschöpft. Enttäuscht. Benutzt. Gelangweilt.

Sie haben jetzt einen Überblick darüber, welche Beziehungen für Ihr wahres Selbst eine gute Begleitung sind und von welchen Sie eher Abstand nehmen sollten. Doch bevor Sie daraus die Konsequenzen ziehen, lohnt es sich, für die Entfaltung Ihres Selbst erst einmal den Blick nach innen zu richten und sich zu fragen: »Was sagen meine aktuellen Verbindungen über mich aus? Welche tiefere Bedeutung haben sie für mich?«

Beziehungen zeigen, wo Sie stehen

Förderliche ebenso wie belastende Beziehungen sind nicht ohne Grund ein Bestandteil Ihres Lebens. Auch wenn es oft so aussieht, als hätte allein das Schicksal oder der Zufall seine Hand im Spiel. Als erwachsene Frau haben Sie zumindest einen Anteil daran, wie Sie auf Kontaktangebote reagieren. Aus dem Strom der vielen Menschen, die Ihnen im Laufe der Jahre begegnen, bleiben nur ganz bestimmte bei Ihnen hängen.

Sie verlieben sich nicht einfach so in einen zuverlässigen oder in einen untreuen Menschen. Sie suchen sich nicht zufällig eine

Freundin, die Sie inspiriert, oder eine, die ständig Ihre Aufmerksamkeit einfordert. Sie landen nicht zwingend an einer Arbeitsstelle, an der Ihre Vorgesetzten Sie fördern, oder in einem Job, in dem Ihr Potenzial ignoriert wird. Sie haben nicht nur Glück, jemandem zu begegnen, dem Sie vertrauen können, oder Pech, falls Sie betrogen werden. Etwas in Ihnen passt zu diesen Menschen wie der Schlüssel zum Schloss. Ob das der Fall ist, erkennt man übrigens innerhalb von Sekunden. Bereits während der ersten Begegnung vermitteln unsere Körpersprache, unsere Worte, unsere gesamte Ausstrahlung bereits unterschwellig, ob wir zueinanderpassen, im Guten wie im Schlechten.

Sage mir, mit wem du umgehst ...

Auch wenn es nicht immer so aussieht, sind Sie es, die zumindest teilweise das Beziehungsnetz knüpft, aufrechterhält, einzelne Maschen hinzufügt oder löst. Das geschieht nach einem meist unbewussten System. Indem Sie das durchschauen, erkennen Sie sich selbst. Deshalb sollten Sie sich fragen, wie denn die Menschen sind, mit denen Sie zu tun haben:

- Haben diese Menschen etwas gemeinsam?
  Sind sie zum Beispiel wohlhabend, gebildet, kreativ, fürsorglich? Gehören sie einer bestimmten Gruppe an? Oder fordern sie viel von Ihnen, nutzen sie Sie aus oder üben sie ständig Kritik an Ihnen?
- Welche Menschen sind auf keinen Fall dabei, weil sie nicht zu Ihnen passen?
  Zum Beispiel oberflächliche, unzuverlässige, dominante, geizige, erfolglose Leute? Oder reiche, intellektuelle, attraktive, erfolgreiche, geschäftstüchtige Personen?
- Welche Menschen finden Sie anziehend?

Etwa unbekümmerte, künstlerische, warmherzige, introvertierte, lebhafte, schüchterne, selbstbewusste, praktische, großzügige?

- Bei welchen Menschen haben Sie das Gefühl, dass sie mit Ihnen auf einer Wellenlänge liegen?
  Solche, mit denen Sie feiern, philosophieren, reden, jammern, sich für eine bestimmte Sache engagieren können?
- Was mögen Sie besonders im Umgang mit anderen?
  Dass man Sie braucht, um Rat fragt, bestätigt, beschenkt, anregt, mitnimmt?
- Was können Sie bei anderen nicht ausstehen?
  Bevormundung, Jammern, Pessimismus, Rechthaberei, Geiz, Rücksichtslosigkeit, Egozentrik, mangelnden Ehrgeiz?
- Wann würden Sie eine Beziehung auf jeden Fall abbrechen?
  Bei Untreue, Betrug, Geheimnisverrat, wenn man Sie ausnutzt, wenn jemand erfolgreicher ist als Sie?

Ihre Kontakte spiegeln Sie

Bei einer ehrlichen Beantwortung dieser Fragen stoßen Sie auf Ihre Werte, Ihre Ängste, Ihre Vorlieben und Ihre Grenzen. In diesem Sinne sind Ihre Beziehungen ein Spiegel Ihrer selbst. Gefällt Ihnen, was Sie darin sehen? Wenn Sie nicht glücklich mit dem sind, was er Ihnen zeigt, gibt es auf diesem Gebiet für die Entfaltung Ihres Selbst noch einiges zu tun. Vielleicht müssen Sie lernen, besser für sich zu sorgen, öfter Nein zu sagen, sichtbarer zu werden oder mehr Selbstvertrauen zu entwickeln.

Ihre Beziehungen zeigen Ihnen, wohin der Weg geht. Von daher sind nicht nur die guten Verbindungen für Sie wichtig, sondern auch diejenigen, unter denen Sie leiden. Ein Zen-Sprichwort sagt: »Ein Feind ist so gut wie ein Buddha.« Das bedeutet, dass

Ihre Quälgeister gleichzeitig Ihre Lehrer sind. Indem sie Sie herausfordern, können sie Ihre Entwicklung beschleunigen. Ob Sie weiterkommen, zeigt sich daran, wie gut Sie ihnen Paroli bieten, ob Sie Ihre Einstellung oder Ihr Verhalten ändern oder sich sogar von ihnen trennen. Von einer höheren Warte aus gesehen, liefern Ihnen die Menschen, mit denen Sie zu tun haben, eine ideale Konstellation, um zu wachsen und sich zu verändern. Übernehmen Sie deshalb die Verantwortung für Ihre Beziehungen.

Distanzieren Sie sich von Menschen, die Ihnen nicht guttun

Für unbefriedigende Verbindungen sollten Sie sich Konsequenzen überlegen, denn negative Einflüsse wirken sich für Ihr Selbst wie eine Bleikugel am Fuß aus. Leider ist nicht in jedem Fall eine Trennung möglich. Wer kann schon seine narzisstische Chefin in die Wüste schicken oder dem lauten Nachbarn, der auf keine Bitte nach Ruhe reagiert, kündigen? Doch auch in scheinbar unauflöslichen Beziehungen haben Sie meist mehr Spielraum, als Sie glauben:

Sie können eine äußere Veränderung anstreben. Mit Kreativität und Initiative lässt sich für manche scheinbar aussichtslose Situation Abhilfe schaffen. Etwa indem Sie mit einer Fortbildung dafür sorgen, dass Ihre Chancen auf einen anderen Arbeitsplatz wachsen. Oder indem Sie sich einen lärmschluckenden Kopfhörer zulegen, sodass die Musik des Nachbarn Sie nicht mehr so nervt.

Wo keine äußere Veränderung möglich ist, gibt es immer noch die Möglichkeit, bei Ihrer Einstellung und Ihrem Verhalten anzusetzen. Oft erzielt man damit positive Ergebnisse bei schwierigen Personen, von denen man sich nicht einfach verabschieden kann.

Auf diese Weise ist es Elena, einer 34-jährigen freien Webdesignerin gelungen. Ein wichtiger Firmenkunde verlangte ständig Änderungen von ihr und machte dazu unprofessionelle Vorschläge. Elena hätte sich liebend gerne von ihm getrennt, konnte sich das aber finanziell nicht leisten. Anstatt wie früher gereizt zu reagieren, beschloss sie, sich nach dem Motto »Kill him with a smile« zu verhalten. Ab diesem Moment war sie zu dem Kunden äußerst freundlich und lobte jeden noch so unpassenden Vorschlag. Tatsächlich veränderte sich dadurch der Kontakt zu ihm. Schließlich räumte er ihr gegenüber sogar großmütig ein: »Na ja, Sie sind ja die Expertin. Dann machen Sie mal.«

Abgesehen von den scheinbar unauflöslichen Beziehungen bleibt Ihnen ein großer Bereich, in dem Sie frei wählen können, ob Sie die jeweilige Verbindung weiterführen wollen. Wo halten Sie eine belastende Beziehung vielleicht nur noch aus Nostalgie, Gewohnheit oder Harmoniebedürfnis aufrecht? Wenn Sie da einen Schlussstrich ziehen, gewinnen Sie Zeit und Energie für sich selbst und für diejenigen, die Sie lieben.

Allerdings fällt es uns Frauen meist schwer, uns endgültig von jemandem zu verabschieden. Dabei können verschiedene Gründe eine Rolle spielen: Vielleicht haben wir Mitleid mit dieser Person und denken: »Wenn ich mich zurückziehe, ist sie ganz allein.« Oder: »Es geht ihr so schlecht, da kann ich sie doch nicht im Stich lassen.« Ein Motiv ist auch häufig, dass wir beliebt sein möchten. Es ist uns unangenehm, in einem schlechten Licht dazustehen, etwa als hartherzig oder egoistisch angesehen zu werden. Das stört unser Selbstbild, ein liebenswerter Mensch zu sein. Manchmal fürchten wir uns auch vor üblen Folgen, davor, dass jemand auf den Abbruch einer Beziehung gehässig reagiert oder uns sogar schadet.

Doch von solchen Gründen sollten Sie sich nicht abhalten lassen. Ihre Gutherzigkeit in allen Ehren, aber Sie müssen nicht

Mutter Teresa spielen. Wenn Sie etwa nur als Kummerkastentante gefragt sind, dann nimmt Ihnen das Energie, die Sie für Ihre eigene Entwicklung brauchen. Sie sind kein kleines Mädchen mehr, das allen gefallen möchte, sondern eine erwachsene Frau, die zwischen Egoismus und berechtigtem Eigeninteresse zu unterscheiden weiß. Fair – wenn auch nicht gerade einfach – ist es, das direkte Gespräch zu suchen und offen über die Gründe zu sprechen, aus denen Sie die Verbindung auflösen möchten. Und gegen Gehässigkeit und schädigendes Verhalten können Sie sich wehren, notfalls juristisch.

Trauen Sie sich also, belastende oder unfruchtbare Beziehungen zu beenden. Dadurch gewinnen Sie Zeit und Energie, um sich um die Menschen zu kümmern, an denen Ihnen etwas liegt.

Tun Sie, was Sie lieben

Der Schriftsteller Mark Twain sagt: »The two most important days in your life are the day you are born and the day you find out why.« – »Die zwei bedeutendsten Tage in Ihrem Leben sind der Tag, an dem Sie geboren wurden, und der Tag, an dem Sie herausfinden, warum.« Das »Warum« kann natürlich vielfältig sein, etwa dass man lernt, zu lieben oder ein Leid geduldig zu ertragen. Aber in den meisten Fällen wird es sich auf eine besondere Aufgabe beziehen – einfach, weil wir einmalig sind und das in einer sinnvollen Tätigkeit ausdrücken möchten. Der Schlüssel dazu sind unsere individuellen Fähigkeiten. Man spricht in dem Zusammenhang auch von Talent.

Sie haben garantiert Talent

Sagen Sie jetzt bitte nicht bescheiden, Sie hätten keine Talente. Jeder von uns besitzt angeborene Stärken und Begabungen. Dass wir das nicht selbstverständlich anerkennen, beruht darauf, dass wir Talent mit besonders herausragenden Fähigkeiten gleichsetzen, möglichst noch auf künstlerischem oder sportlichem Gebiet. Geigen wie Anne-Sophie Mutter, Tennis spielen wie Angelique Kerber, Bestseller schreiben wie Joanne K. Rowling – so etwa in der Größenordnung. Deshalb glauben wir, wir hätten selbst kein Talent. Welche überragende Begabung hat denn schon eine ganz normale Steuerberaterin, Verwaltungsangestellte oder Zahnärztin? Der amerikanische Psychoanalytiker James Hillman, Autor des Buches *Charakter und Bestimmung*, weist Unterschiede zwischen Berühmtheiten und Normalsterblichen entschieden zurück. Für ihn gehören außergewöhnliche Menschen keiner anderen Liga an. Man erkennt bei ihnen nur leichter, welche Stärke sie haben. Während wir uns meist erst einmal die Frage stellen müssen: »Was ist denn überhaupt als besondere Anlage in mir vorhanden?« Die meisten von uns wissen gar nicht so genau, welches Potenzial in ihnen schlummert. Schon häufig habe ich gehört: »Ich würde ja gerne etwas anderes machen, aber ich weiß nicht, was.« In dem Fall ist es unbedingt lohnend, sich selbst auf die Spur zu kommen.

Begabung zeigt sich früh

Einen Hinweis auf Ihr Talent kann Ihnen Ihre Kindheit geben. Was haben Sie als kleines Mädchen freiwillig oft und gerne getan? Vielleicht haben Sie begeistert mit Ihren Kuscheltieren »Schule« gespielt. Sich mit Mamas Hut, Schal und Pumps verkleidet und sich dazu kleine Aufführungen ausgedacht. Bunte Bilder gemalt und damit die Wände tapeziert. Auf Familienfesten vor Verwandten gesungen oder getanzt. Mit Hingabe Strohsterne und Kastanienmännchen gebastelt. Fasziniert Steine gesammelt und am Strand Muscheln gesucht. Draußen mit den Nachbarsjungen Abenteuer bestanden.

Was sich so unscheinbar als Kinderspiel zeigt, ist ein erstes Auftauchen Ihrer persönlichen Fähigkeiten. James Hillman wertet das als frühes Anzeichen für Talent, das von Anfang an in uns Menschen vorhanden ist, so wie in einer Eichel schon der spätere Eichenbaum angelegt ist. Für ihn sind die kindlichen Neigungen ein Wegweiser zu der Aufgabe, die man am besten erfüllt. Aus der kleinen Steinesammlerin könnte also später eine Geologin werden, und das Mädchen, das sich gerne verkleidet, bewirbt sich als Erwachsene vielleicht an der Schauspielschule? Ganz so simpel ist es sicher nicht, aber oft lässt sich durch den Blick in die Vergangenheit zumindest eine Richtung ausmachen, in der das Talent zu finden ist.

Hinweise auf Ihre Fähigkeiten

Falls sich keine direkte Linie von den Neigungen des kleinen Mädchens, das Sie einmal waren, bis heute ziehen lässt, gibt es trotzdem eindeutige Anhaltspunkte dafür, wo Ihre Begabung liegt. Als Erwachsene können Sie das anhand von zwei Kriterien feststellen:

1. Was Sie tun, fällt Ihnen leicht.
2. Was Sie tun, macht Ihnen Freude.

Die amerikanische Karriereberaterin und Bestsellerautorin Barbara Sher sieht in der Kombination von Leichtigkeit und Freude einen evolutionären Trick: »Die Natur richtet es so ein, dass wir die Dinge, für die wir eine Begabung haben, liebend gerne tun, damit wir ihrer nie überdrüssig werden.« Weil, so meint sie, unsere individuellen Fähigkeiten wichtig für die Entwicklung unserer Umgebung sind, belohnt uns die Natur mit Freude, sobald wir sie einsetzen. Schauen Sie sich diese beiden Bedingungen doch einmal genauer an.

Hinweis Nr. 1: Was Sie tun, fällt Ihnen leicht

Tätigkeiten auf einem mit Ihrem Selbst verbundenen Gebiet machen Ihnen weitaus weniger Schwierigkeiten als solche in anderen Bereichen. Es geht deutlich schneller und mit weniger Mühe. Das spiegelt Ihnen auch Ihre Umgebung wider. Sie haben sicher schon manchmal gehört: »Das liegt dir einfach.« Oder: »Du bist die geborene …« Häufig werden Sie von anderen gebeten, genau diese Aufgabe zu übernehmen. Wenn Sie Sinn für Farben und Formen haben, fragt man Sie um Rat bei der Wohnungseinrichtung. Wenn Sie sprachbegabt sind, bittet man Sie, die Festschrift zum Jubiläum zu verfassen oder das Protokoll zu schreiben. Wenn Sie gut mit Zahlen umgehen können, wählt man Sie zur Schatzmeisterin im Verein. Vermutlich unterstützen Sie auch andere gerne mit Ihren Fähigkeiten, wenn Sie sehen, wie die sich mit etwas quälen, das Sie ruckzuck erledigen.

So plagte sich kürzlich eine Kollegin von mir tagelang damit, einen Flyer für ihr Seminarangebot zu formulieren. Ich schlug ihr vor, mir die nötigen Informationen zu schicken. Innerhalb einer Stunde hatte ich den Text für sie fertig.

Nur weil Ihnen etwas leichtfällt, heißt das allerdings nicht, dass Sie es immer locker aus dem Ärmel schütteln. Manchmal kann es sogar ziemlich anstrengend sein. Doch es besteht ein großer Unterschied zwischen der notwendigen Anstrengung bei einer interessanten, geliebten Tätigkeit und der Qual auf einem Gebiet, für das Sie nicht geeignet sind. Im ersten Fall haben Sie eher das Gefühl: »Da muss ich jetzt durch, aber das wird schon«, bei letzterem überwiegt die Verzweiflung »Das schaffe ich nie« oder der Widerstand »Ich hasse es!«. Zur Leichtigkeit kommt nämlich noch ein anderer Aspekt hinzu, der den Unterschied macht.

Hinweis Nr. 2: Was Sie tun, macht Ihnen Freude

Schon allein im Tun finden Sie eine große Befriedigung, nicht erst im Ergebnis. Sie erleben dabei häufig etwas, das der ungarische Psychologe Mihály Csíkszentmihályi »Flow« nennt. Sie versinken vollkommen in Ihrer Tätigkeit, die Zeit vergeht wie im Fluge. Dabei empfinden Sie die Arbeit oft gar nicht als solche. Wie ich kürzlich eine Fotografin sagen hörte: »Ist es nicht fantastisch? Ich kriege für mein Hobby auch noch Geld.« Nun ja, das sind gelegentliche euphorische Aussagen, wenn es über eine längere Strecke gut läuft. Aber natürlich gibt es auch bei dem, was uns Freude macht, manchmal Frust. Es gibt immer Zeiten, in denen man das Gefühl hat, man käme nicht weiter. Aber im Gegensatz zu ungeliebten Tätigkeiten, vor denen man am liebsten weglaufen möchte, ist die Motivation groß, sich durchzubeißen. Wenn Sie sich Aufgaben widmen, die Ihrem Naturell entsprechen, sind Sie mit Interesse dabei. Niemand muss Sie zwingen, sich auf Ihrem Gebiet fortzubilden, sich über neueste Erkenntnisse zu informieren oder zu üben. Das machen Sie freiwillig und gerne. WissenschaftlerInnen bezeichnen das als »produktive Unzufriedenheit«. Man möchte noch besser werden, ohne dass man von außen dazu gedrängt wird.

Den Wunsch, auf einem bevorzugten Gebiet immer mehr zu lernen, kann ich nur bestätigen. Ich halte zum Beispiel mit großer Freude Vorträge. Dazu stehen in meinem Regal zahlreiche Ratgeber über große Vorbilder wie die mitreißenden Redner Steve Jobs oder Ex-Präsident Obama. Erst kürzlich habe ich ein dickes Buch mit Ansprachen bekannter und unbekannter Menschen gelesen, um daraus weitere Anregung zu bekommen. Wenn Sie mich jedoch auffordern würden, mich über Programmieren oder Finanzplanung weiterzubilden, sähe es vollkommen anders aus.

Wohlgemerkt, Leichtigkeit und Freude müssen zusammen vorhanden sein, um auf eine besondere Fähigkeit Ihres Selbst hinzuweisen. Ein Kriterium allein reicht nicht aus. Es ist nämlich sehr wohl möglich, dass Sie sich in einem Bereich nicht besonders anstrengen müssen und darin auch erfolgreich sind, aber trotzdem keine Freude daran haben.

Wie Manuela, 38, Rechtsanwältin in einer renommierten Hamburger Kanzlei. Sie bekommt viel Anerkennung, demnächst steht sogar eine Partnerschaft in der Sozietät an. Dank ihrer Disziplin und Intelligenz macht Manuela einen guten Job, aber ihr fehlt die Begeisterung. Das Jurastudium hat sie seinerzeit gewählt, weil sie sich ausgerechnet hat, damit später gute Berufschancen zu haben.

Finden Sie Ihr Talent

Wenn Sie herausfinden möchten, wo Ihr Talent liegt, dann ist dies ein Weg: Analysieren Sie Ihre größeren Tätigkeiten der vergangenen Jahre unter den Aspekten »Leichtigkeit« und »Freude«. Das können berufliche Aktivitäten sein, aber auch Projekte aus der Freizeit, etwa Reisen, die Organisation von Festen, das Einrichten einer Wohnung, das Ausüben von Hobbys, Renovierungen, Reparaturen, Umzüge, Unterstützung von Freunden oder Familienangehörigen. Überlegen Sie:

- Was hat Ihnen besonders viel Spaß gemacht?
- Was ist Ihnen besonders gut gelungen?
- Wofür haben Sie von Ihrem Umfeld Lob bekommen?
- Was hat Sie glücklich gemacht?
- Was fiel Ihnen leicht?
- Bei welchen Projekten kamen Sie in den Flow und vergaßen die Zeit?
- Bei welchen Projekten war es Ihnen ein Vergnügen, morgens früh aufzustehen oder die halbe Nacht durchzuarbeiten?
- Worin wollten Sie sich unbedingt noch verbessern?
- Womit hängen Ihre liebsten und erfolgreichsten Tätigkeiten zusammen?
- Was hätten Sie sogar ohne Bezahlung getan?

Die Beantwortung dieser Fragen zeigt, wo der Schwerpunkt Ihrer Fähigkeiten liegt. Dabei beziehen sich Ihre angeborenen Stärken nicht nur auf Eigenschaften, die Sie für bestimmte Berufe qualifizieren, wie Musikalität, Sprachgefühl oder technisches Verständnis, sondern auch auf persönliche, soziale und methodische Kompetenzen. Zu den persönlichen Stärken gehören etwa Neugier, Belastbarkeit und Lust an Eigenverantwortung. Zu den sozialen Kompetenzen rechnet man Einfühlungsvermögen, Kommunikations- und Teamfähigkeit. Methodische Fähigkeiten sind zum Beispiel Organisationstalent und eine strukturierte Arbeitsweise. Auch das sind Talente, bei deren Einsatz Sie Leichtigkeit und Freude empfinden können.

Sie haben keine Ahnung, wo Ihre Begabung liegt?

In meiner Coaching-Praxis sitzen manchmal Klientinnen, denen eine Rückschau nicht weiterhilft, weder auf ihre Kindheit noch auf frühere Tätigkeiten. Sie wissen nur: »Was ich jetzt tue, macht mir keine Freude, ich will etwas verändern.« Oder sie können aus äußeren Gründen ihre aktuelle Tätigkeit nicht weiter ausführen und müssen sich umorientieren. Doch wohin? Auf die Frage, was ihnen denn mehr zusagen würde als ihr derzeitiger Job, haben sie keine konkrete Antwort. Immerhin äußern sie meist eine vage Vorliebe wie: »Gerne etwas mit Kunst.«, »Ich möchte etwas mit meinen Händen machen.«, »Mich interessieren Menschen.« Dann schauen sie mich so erwartungsvoll an, als könnte ich ihnen die perfekt passende Tätigkeit offerieren. Leider ist das nicht so einfach, der Weg dahin ist etwas komplizierter. Schließlich will das Talent erst einmal entdeckt werden. Wenn es Ihnen ähnlich geht, dann könnte dieses Vorgehen auch für Sie nützlich sein:

- Fangen Sie irgendetwas an, das für Sie aktuell im Bereich des Möglichen liegt und in die Richtung geht, die Sie sich wünschen. Wenn Sie zum Beispiel gerne im sozialen Bereich tätig sein möchten, übernehmen Sie ein Ehrenamt, etwa Vorlesen im Seniorenheim.
- Bleiben Sie eine Weile dabei, damit Sie die Tätigkeit beurteilen können.
- Prüfen Sie, ob Sie sich damit gut fühlen. Wenn ja, machen Sie genau da weiter. Wenn nicht, überlegen Sie: In welche Richtung wollen Sie sich verändern? Vielleicht erkennen Sie, dass Sie lieber mit Kindern als mit alten Leuten arbeiten möchten.
- Nehmen Sie diese Veränderung vor. In unserem konkreten Fall wechseln Sie vom Vorlesen für Senioren zur sprachlichen Nachhilfe für Migrantenkinder.

Der Hintergrund für diese Methode ist, dass Ihre Gefühle Sie Schritt für Schritt auf den richtigen Weg leiten werden. Sie durchschauen zu Beginn nicht alles, können aber eins nach dem anderen beurteilen. Und dabei werden Ihnen Freude und Leichtigkeit gute Ratgeber sein.

Dina, 34, ist ein Model. Sie schätzt ihren Beruf vor allem, weil sie gut verdient. Doch mit zunehmendem Alter werden die Aufträge spärlicher, ein Ende ihrer Modelkarriere ist absehbar. Deshalb muss sie darüber nachdenken, wo denn ihr Talent liegt. »Ich möchte etwas Handwerkliches machen«, sagt sie. Im ersten Schritt beginnt sie ein Praktikum bei einer Fassmalerin, die Möbel bemalt.

Mit etwas Geduld können Sie durch Versuch und Irrtum Ihr Talent entdecken.

Finden Sie die passende Tätigkeit

Sie wissen, wo Ihre Fähigkeiten liegen? Dann ist der nächste konsequente Schritt, sie in eine passende Tätigkeit einzubringen. Natürlich ist das im privaten Bereich möglich, etwa im Familien- und Freundeskreis, in einem Hobby oder Ehrenamt. Auch das ist befriedigend. Doch am wichtigsten erscheint es im beruflichen Zusammenhang. Das Gute ist, dass es für Ihr Talent nicht nur eine einzige Aufgabe gibt, sondern ein weites Betätigungsfeld. Wenn Sie von Haus aus gründlich sind und gerne konzentriert allein arbeiten, dann reicht die Palette für Sie etwa von der Laborforschung über Goldschmiedearbeit bis zum Ingenieurbüro. Können Sie geschickt mit Menschen umgehen, sind Sie vielleicht im Hotelgewerbe, in der Pressestelle eines Konzerns oder in der Diplomatie am richtigen Platz.

Falls Sie Ihre Fähigkeiten bereits in einem Job einsetzen, der Sie glücklich macht, dürfen Sie dieses Kapitel überspringen. Aber wenn nicht, dann ist es für Sie gewiss sinnvoll, sich damit zu beschäftigen, was Sie daran hindert und was Sie ändern müssten. Doch eines vorweg – ich bin keine blauäugige Psychologin, die Ihnen rät: Ach, Sie haben keine Freude mehr daran, als Sachbearbeiterin in einer Versicherung zu arbeiten? Kündigen Sie und verdienen Sie Ihr Geld mit Ihrem Talent für Gestaltung, werden Sie Innenarchitektin. Wie, Sie sind unzufrieden mit Ihrer Tätigkeit als Lehrerin und interessieren sich viel mehr für ökonomische Zusammenhänge? Dann studieren Sie doch Wirtschaftswissenschaften. So einfach ist das leider nicht. Schauen wir uns deshalb zunächst die Realität an.

Der vermeintliche Zwang der Realität

Viele von uns arbeiten vor allem für ihren Lebensunterhalt und eine gewisse äußere oder emotionale Sicherheit. Und es gibt durchaus gute sachliche Gründe, genau das weiter zu betreiben, auch wenn es keinen besonderen Spaß bringt:

- Sie ernähren damit Ihre Familie, ermöglichen den Kindern eine gute Ausbildung.
- Wichtige Dinge müssen noch abbezahlt werden.
- In Ihrem Alter ist ein Wechsel schwierig.
- Sie haben immerhin gute Aufstiegsmöglichkeiten.
- Demnächst steht eine Beförderung an.
- Die Arbeit ist zwar nicht ideal, aber das Betriebsklima ist super.
- Sie haben eine Ausbildung gemacht, die sich auszahlen muss.
- Sie sind erfolgreich mit dem, was Sie tun.
- Die Arbeit wird gut bezahlt.

- Im Privatleben herrscht gerade Chaos, da brauchen Sie beruflich Stabilität.
- Was Sie gerne täten, ist in Ihrer gewohnten Umgebung nicht möglich.
- Ihnen fehlt die Zeit, sich um die nötige Fortbildung für eine Veränderung zu kümmern.
- Sie haben keine finanziellen Rücklagen.

Auch Werte und Einstellungen spielen beim Verbleib in einer weniger geliebten Tätigkeit eine Rolle:

- Sie haben sich einmal dafür entschieden, also bleiben Sie auch dabei.
- Das Leben ist kein Ponyhof, man muss sich auch mal durchbeißen.
- Sie werden gebraucht und können die KollegInnen nicht hängen lassen.
- Das ist Jammern auf hohem Niveau. Andere wären froh, wenn sie diesen Job hätten.
- Arbeit ist Arbeit. Dafür haben Sie eine interessante Freizeit.
- Ihre nächsten Menschen könnten das nicht verstehen.
- Der Spatz in der Hand ist besser als die Taube auf dem Dach.

Warum Sie in der Arbeit Ihrem Selbst folgen sollten

Ob aus äußeren oder inneren Motiven, jedenfalls glauben wir oft, wir könnten uns eine Veränderung nach dem Motto »Ich tu jetzt, was ich liebe« nicht leisten. Die Gründe, warum wir Aufgaben verrichten, die uns nur mäßig Freude machen, sind zwar verständlich und durchaus nachvollziehbar, aber auf die Dauer zu kurz gedacht. Dagegen lassen sich nämlich zwei gravierende Argumente anführen:

Eine erfüllende Tätigkeit macht Sie glücklich

Wenn Sie tun, was Sie lieben, empfinden Sie Ihre Arbeit als sinnvoll. Sie gibt Ihnen das Gefühl, kein ersetzbares Rädchen im Getriebe zu sein, sondern einen besonderen Beitrag zu leisten: »Was ich hier tue, kann nur ich auf diese Weise tun, weil ich meine individuellen Fähigkeiten einbringe.« Das bezieht sich auf jede Art von Arbeit und trifft für eine Bankangestellte ebenso zu wie für eine Lehrerin oder Haushaltshilfe. Was Sie als sinnvoll empfinden, ist zwar subjektiv, aber allgemein gilt: Einen tiefen Sinn erhält eine Tätigkeit für Sie immer dann, wenn sie auf Ihren Talenten beruht. Wenn Sie etwa als Köchin im Lokal ein Essen zubereiten, das den Gästen gut schmeckt, als Erzieherin in der Kita liebevoll kleine Kinder fördern oder als Grafikerin ein schönes Buchcover gestalten. Sie geben damit anderen etwas – und sei es nur, dass Sie glücklich sind und das ausstrahlen.

Wie wichtig ein Gefühl der Sinnhaftigkeit ist, hat sogar die Wirtschaft begriffen. Sie benutzt dazu den Begriff »Purpose« (englisch: Grund, Zweck, inneres Anliegen). So hat sich bereits die bekannte Boston Consulting Group auf die Purpose-Beratung für Firmen spezialisiert. Da kann offenbar nicht groß genug gedacht werden. Niels Alsen, einer der dort tätigen Berater, erklärt: »Wo die Bedürfnisse der Welt mit den eigenen Talenten zusammenfallen, findet man Purpose.« Sage ich doch!

Eine Tätigkeit, die Sie gerne verrichten und die Sie deshalb auch für sinnvoll halten, wirkt sich sogar auf Ihr körperliches Wohlbefinden aus. Die japanische Insel Okinawa ist für die Langlebigkeit und gute Gesundheit ihrer Bewohner bekannt. WissenschaftlerInnen haben den Lebensstil dieser Menschen untersucht, um hinter das Geheimnis zu kommen. Sie entdeckten, dass die Bevölkerung ein starkes Gefühl für das hat, was sie selbst »Ikigai« nennt, frei übersetzt: »Das ist der Grund, warum ich morgens aufstehe.« Eine Arbeit, die Sie lieben, lässt Sie auch am Montagmorgen freudig aus dem Bett springen.

Eine erfüllende Tätigkeit macht Sie erfolgreich

Wenn Sie lieben, was Sie tun, erzielen Sie die besten Ergebnisse. Einfach schon deshalb, weil Sie sich nicht mit dem Minimum zufriedengeben. Der Einsatz des eigenen Talentes führt nicht nur zur Freude am Tun, sondern auch zu größerem Interesse. Sie sind motiviert, sich über das Normalmaß hinaus zu engagieren, mehr zu lernen und Neues auszuprobieren. Das wiederum wird von Ihrer Umgebung wahrgenommen und belohnt. Wer geht nicht lieber in ein Geschäft, wo die Verkäuferin sich auskennt und von den Produkten begeistert ist, anstatt in eines, wo das Personal gelangweilt ein paar Informationen herunterleiert? Und wer lässt sich nicht eher von einer Ärztin behandeln, die aus Leidenschaft für ihren Beruf Fortbildungen macht, statt von einer, die auf dem Wissensstand ihres Medizinexamens stehen geblieben ist? Menschen, die ihre Talente einbringen können, sind meist kompetenter und verstehen ihr Handwerk besser als solche, die ihren Job aus anderen Motiven machen. Auf diese Weise sammelt sich bei ihnen der Erfolg. Genau deshalb hat eine engagierte Personal Trainerin eine Warteliste, während ihre Konkurrentin mühsam um Kunden kämpft, predigt eine wortgewaltige Pastorin sonntags in einer vollen Kirche, während bei einer lediglich routinierten Geistlichen nur ein paar alte Mütterchen vor der Kanzel sitzen, hat eine TV-Schauspielerin hohe Einschaltquoten, während man bei ihrer Kollegin weiterzappt. Sicher mögen auch noch einige andere Kriterien eine Rolle spielen, aber auf die Dauer entscheiden Talent und die damit verbundene Liebe zur Tätigkeit über den Erfolg

Es muss nicht immer der große Wechsel sein

Ich hoffe, ich konnte Sie überzeugen, wie elementar wichtig es ist, dass Sie Ihr Selbst auch in Bezug auf Ihre Tätigkeit ausdrücken. Aber keine Sorge, falls es derzeit bei Ihnen im Job wenig zum Einsatz kommt, bedeutet das zunächst nicht, dass Sie gleich den Beruf wechseln müssen. Auch innerhalb einer nicht gerade heiß geliebten Arbeit lässt sich einiges so verändern, dass Sie mehr Freude daran haben. Vielleicht gibt es eine Möglichkeit, sie auf Ihr Talent hin zu gestalten, ohne sie aufzugeben. Dazu sollten Sie sich zunächst die Frage stellen: »Wie muss ich meine aktuelle Tätigkeit verändern, damit ich meine Fähigkeiten mehr einbringen kann?« Diese Überlegung kann Ihnen Impulse für eine Initiative geben: Wenn Sie zum Beispiel gerne eigenverantwortlich arbeiten, bewerben Sie sich für Projekte, die genau dieses verlangen. Können Sie gut mit Menschen umgehen, lassen Sie sich aus dem Einzelbüro in die Kundenbetreuung versetzen. Wenn neue Aufgaben verteilt werden, rufen Sie ab jetzt selbstbewusst an der richtigen Stelle »Hier!«. Oder Sie bewerben sich innerhalb Ihrer Firma auf eine andere Position.

Carola, 36, ist Ärztin mit eigener Praxis. Ihr fällt es schwer, sich täglich voller Empathie auf viele Patienten einzustellen. Sie fühlt sich dadurch zunehmend gestresst. Eigentlich arbeitet sie gerne für sich allein, und es macht ihr Freude, Dinge zu erforschen und zu entwickeln. Die Lösung ist ein Wechsel innerhalb des medizinischen Bereichs. Carola übergibt ihre Praxis an eine Nachfolgerin und geht in die Pharmaforschung. Mit diesem Konzept ist sie glücklich.

Manchmal muss es radikal sein

Doch nicht immer ist es mit Korrekturen getan. Manchmal ist es notwendig, etwas grundlegend zu verändern. Wenn sich Freude und Interesse nicht von selbst einstellen und Sie sie weder mit Initiative noch mit wirkungsvollen psychologischen Techniken erzeugen können, dann sollten Sie der Tatsache ins Auge sehen, dass Sie definitiv den falschen Beruf haben. Dafür gibt es zudem eindeutige Anzeichen: Ihnen graut schon beim Aufstehen vor dem Tag. Sie bringen lustlos die Zeit herum. Ihnen unterlaufen Fehler. Es gelingt Ihnen nicht mehr abzuschalten. Ständig haben Sie irgendwelche kleinen Beschwerden, leiden unter Kopfschmerzen oder sind dauernd erkältet. Sobald Sie allein sind und zur Ruhe kommen, taucht die Frage auf: »Soll das nun die nächsten Jahre so weitergehen?« Wenn Sie ehrlich sind, müssen Sie sich eingestehen: Die falsche Aufgabe, die falschen Ziele, die falschen Menschen, der falsche Ort. Wenn Sie jetzt keine Konsequenzen ziehen, wird es gefährlich, denn dann schalten sich Ihre Seele und Ihr Körper ein, um Sie notfalls mit einer psychosomatischen Krankheit auf die richtige Spur zu führen.

Einen radikalen Kurswechsel vorzunehmen ist jedoch nicht einfach. Vielleicht besitzen Sie nur geringe finanzielle Mittel, sind an einen Partner gebunden, der nicht mitspielt, oder haben keine geeignete Ausbildung. Diese Hürden will ich keineswegs kleinreden. Doch sie sind überwindbar, wenn Sie bereit sind, flexibel zu sein und den notwendigen Preis dafür zu bezahlen. Geschenkt gibt es eine grundsätzliche Veränderung leider nicht. Sie ist immer mit persönlichen Opfern verbunden. Das habe ich selbst erlebt. Als Beweis dafür, dass es sich trotzdem lohnt, seiner Freude zu folgen, möchte ich Ihnen meine Geschichte erzählen. Damit möchte ich belegen, dass ich Sie nicht vom Elfenbeinturm herab ermuntere, mutig Ihren Neigungen zu folgen, sondern dass ich selbst dazu konkrete Erfahrung gesammelt habe.

Meine eigene Erfahrung

Schon als Teenager interessierte ich mich intensiv für Psychologie. In den 1960er-Jahren war diese Wissenschaft allerdings noch ziemlich neu und unbekannt. Ich erfuhr darüber nur etwas durch die Ratgeber aus den USA, die in unserer Stadtbibliothek zu finden waren, etwa Dale Carnegies *Wie man Freunde gewinnt*. Als ich nach dem Abitur Psychologie studieren wollte, bestanden meine Eltern aus Sorge um meine Zukunft auf einer soliden Ausbildung, zum Beispiel einem Lehramtsstudium. Als braves Mädchen stimmte ich zu. Wenigstens durfte ich mir Fächer aussuchen, die mir lagen: Germanistik und Philosophie, mit dem Ziel Höheres Lehramt. Das Studium war tatsächlich interessant, nicht aber die folgende praktische Ausbildung. Während der Referendarzeit spürte ich: »Das passt nicht zu mir!« Obwohl mein Unterricht positiv beurteilt wurde, hatte ich wenig Freude daran, Zehnjährigen die deutsche Grammatik beizubringen oder gelangweilte Jugendliche mit Platons Ideenlehre zu traktieren. Pflichtbewusst machte ich noch das Zweite Staatsexamen, aber statt mich dann komfortabel verbeamten zu lassen und gutes Geld zu verdienen, bewarb ich mich endlich für das Studium der Psychologie. Ich bekam einen Studienplatz in Hamburg, wo ich niemanden kannte. Damit begann eine harte Zeit. Ich lebte in einer winzigen Dachwohnung ohne Bad und nahm jeden Job an, um meine Ausbildung zu finanzieren. Ich war arm wie eine Kirchenmaus und musste an einem heißen Sommertag überlegen, ob meine Finanzen eine Kugel Eis erlauben würden. Aber ich war so glücklich, mich endlich mit meiner Leidenschaft befassen zu dürfen. Frei nach Nietzsche: »Wer das Warum kennt, erträgt fast jedes Wie.«

Die nächste Herausforderung für mein Selbst kam nach dem Psychologie-Diplom. Ich erhielt die Chance, Redakteurin bei der Zeitschrift *Brigitte* zu werden und das Ressort Psychologie mit aufzubauen. Damals war das ein Traumjob, für den manche junge Frau gemordet hätte. Aber nach einem Jahr war mir klar: Ich schreibe zwar gerne, aber ich bin keine Journalistin, sondern möchte therapeutisch tätig sein. Konsequent kündigte ich, ohne Aussicht auf eine Arbeitsmöglichkeit. Wie es daraufhin weiterging, verrate ich Ihnen später in anderem Zusammenhang.

Der dritte Wechsel kam nach vielen Jahren in meiner psychotherapeutischen Praxis. Plötzlich wusste ich: »Das ist vorbei, es macht mir keine Freude mehr.« Sie dürfen mir glauben, eine florierende Praxis, die zudem die Existenzgrundlage ist, einfach aufzugeben, ist kein leichter Schritt. Aber ich hörte wieder auf meine innere Stimme und beendete die Therapien. Ich schrieb einen Ratgeber für Frauen, aus reinem Interesse am Thema, und hatte Glück. Es wurde ein Bestseller. Das wiederum führte in die Richtung, die nun für mich passte: Bücher zu schreiben und Vorträge zu halten.

So weit meine Geschichte, die in diesem Punkt gewiss noch nicht zu Ende ist.

Vielleicht wenden Sie jetzt ein, dass ich durch meine Ausbildung privilegiert bin und eine Kassiererin im Supermarkt es ungleich schwerer hätte, ihr Talent zu entdecken und ihrer Neigung nachzugehen. Aber Sie dürfen mir glauben: Sich für mehr Freude an der Arbeit in eine ungewisse Zukunft zu wagen ist keine Frage der Ausbildung, sondern vor allem der Einstellung. Sie sollten niemals in einer Situation ausharren, in der Sie keine Chance haben, Ihre besonderen Fähigkeiten einzubringen. Den Mut zu entscheidenden Veränderungen finden Sie, wenn Sie sich nicht als Opfer der Umstände, sondern als Schöpferin Ihres Lebens sehen.

»Tun, was man liebt« – wie geht das?

Auf dem Weg zu einer Tätigkeit, die Sie wirklich befriedigt, können Ihnen Expertinnen und Experten Impulse geben. Dazu habe ich zwei von ihnen, die ich persönlich schätze, Fragen gestellt. Anja Förster und Dr. Peter Kreuz sind ein renommiertes Vordenker-Duo im Bereich Wirtschaft. In ihren Vorträgen und Büchern regen sie dazu an, ausgetretene Pfade im Denken und Handeln zu verlassen. Einer ihrer Bestseller trägt den passenden Titel *Macht, was ihr liebt*. Ich wollte von ihnen wissen, wie das funktionieren kann.

1. Macht, was ihr liebt – das klingt so einfach. Aber was ist, wenn die Umstände ungünstig sind? Etwa wenn ich eine alleinerziehende Mutter oder finanziell auf den Arbeitsplatz angewiesen bin?
   Anja Förster: Ich habe großen Respekt vor alleinerziehenden Eltern. Die machen einen Riesenjob, und da kann man nicht einfach alles hinschmeißen und sagen »Ich mach nur noch das, was ich liebe«. Dieser radikale Schnitt ist auch gar nicht unbedingt nötig. Der erste Schritt besteht darin, den jetzigen Job so zu gestalten, dass er mehr dem entspricht, wofür ich brenne. Das habe ich vor einiger Zeit bei einer Unternehmensveranstaltung erlebt. Das Event war sehr cool gemacht: Strandatmosphäre statt biederem Vortragssaal. Und in der Folge davon: Lachende, offene Mienen, statt verkniffene Profigesichter! Im Anschluss an meine Keynote habe ich mit der Assistentin der Geschäftsführung gesprochen, die dieses Event organisiert hatte. Es stellte sich heraus, dass niemand

sie damit beauftragt hatte, eine »Beach«-Konferenz auszurichten. Niemand hatte sie überhaupt gebeten, irgendwas zu organisieren. Sie hatte sich den Job schlichtweg geschnappt: »Ich mach's!« Das ist die Haltung, die ich meine. Niemand serviert uns auf dem Silbertablett die Dinge, die unser Herz höherschlagen lassen. Meine Empfehlung: Serviere dir selbst diese Aufgaben!

2. Braucht man bestimmte Eigenschaften, um den Status quo zu verändern?

   Peter Kreuz: Für mich war in dieser Hinsicht die allerwichtigste Erkenntnis zu verstehen, dass unser Leben kein Zufallsprodukt ist. Wir haben die Freiheit, ihm unseren Stempel aufzudrücken. Dazu müssen wir die irrige Vorstellung abschütteln, dass man das Leben so hinnehmen muss, wie es ist, anstatt es nach den eigenen Vorstellungen zu gestalten. Wer das erst einmal begriffen hat, wird nie mehr dieselbe sein.

3. Selbsterkenntnis ist meist der erste Schritt. Welche Fragen sollte ich mir stellen, wenn ich etwas ändern möchte?

   Peter Kreuz: Für mich sind es weniger konkrete Fragen, die ich mir stelle. Alles beginnt damit, präsent und wach zu sein und ganz bei dem, was ich gerade tue. Das hört sich selbstverständlich an, aber die meisten Menschen eilen fleißig und geschäftig wie Roboter durch ihr Leben. Sie sind nie wirklich da. Der zweite wichtige Aspekt ist, sich seiner Wahlfreiheit bewusst zu werden. Egal wo ich im Leben stehe, ich kann immer neu wählen.

   Anja Förster: Das Problem ist, dass viele Menschen vergessen, dass sie die Freiheit haben, wählen zu können. Wer sich dabei erwischt, über den lahmen Job, den inkompetenten Chef oder was auch immer zu lamentieren, sollte ein wichtiges Detail nicht vergessen: Du hast es dir so, wie es jetzt ist, ausgesucht! Du hast es so gewählt, du kannst es auch wieder abwählen. Ja, das hat einen Preis. Aber für den Verbleib in einer unbefriedigenden Job- oder Lebenssituation zahlst du auch einen Preis – und der ist oftmals sogar noch höher.

4. Sie sprechen davon, dass man als ArbeitnehmerIn außergewöhnlich sein sollte. Ist das nicht etwas hoch gegriffen, kann tatsächlich jede/r außergewöhnlich sein?

Peter Kreuz: Menschen sind nie wirklich gut in irgendetwas, an dem sie keine Freude haben. Anders ausgedrückt: Wenn du dich mit ganzem Herzen einbringst, dann machst du einen Unterschied. Das macht dich außergewöhnlich und nicht austauschbar. Im Zentrum jeder einzelnen Erfolgsgeschichte steht mindestens ein leidenschaftlicher Mensch. Jemand, der für seine Sache brennt.

5. Ein Ausbruch aus den Konventionen kommt nicht bei allen ArbeitgeberInnen und KollegInnen gut an. Man gerät schnell in den Ruf, querulantisch oder schwierig zu sein. Wie gelingt die Balance zwischen Individualität und sozialen Zwängen?

Anja Förster: Wir sind nicht auf der Welt, um die Erwartungen anderer zu erfüllen. Wir müssen uns klarmachen, dass die Erwartungen anderer eben die Erwartungen anderer sind. Diesen Erwartungen anderer kann ich entsprechen, muss ich aber nicht. Anderen gefallen zu wollen ist überhaupt nicht falsch. Es wird erst zu einem Problem, wenn ich mich den Erwartungen reflexartig unterwerfe und mich zum Spielball der anderen mache. Von der wunderbaren Architektin Zaha Hadid, die mich sehr inspiriert, stammt der Satz: »Wenn ich auf die öffentliche Meinung gehört hätte, hätte ich meine Arbeit schon vor 20 Jahren hingeschmissen.« Dann hätte es ihre außergewöhnlichen Bauten nicht gegeben. Und klar, sie hatte eben auch jede Menge Widersacher. Dazu war sie eine Frau in einer absoluten Männerdomäne.

Da brauchst du jede Menge Rückgrat, den Glauben an dich und deine Ideen und die Hartnäckigkeit, sie trotzdem umzusetzen, oftmals gegen die institutionalisierten Bedenkenträger. Aber wer überall zustimmendes Kopfnicken erfährt, kann weder originell noch außergewöhnlich sein.

TEIL IV:
DIE BREMSEN LÖSEN

Bitte keine Ausreden mehr!

Ihnen ist klar, dass Sie in einem oder sogar mehreren Bereichen dringend etwas ändern müssten, um zu sich selbst zu finden und glücklich zu sein. Aber das birgt auch ein Risiko. Was, wenn es schiefgeht? Was, wenn Sie versagen? Wenn Sie vom Regen in die Traufe kommen oder später erkennen müssen, dass es die falsche Entscheidung war? Es gibt schließlich keine Garantie dafür, dass Sie sich wirklich verbessern. Dass Sie erreichen, was Sie sich wünschen. Dass es funktioniert. Dass Sie das hinkriegen. Dass Sie es nicht eines Tages bitter bereuen werden.

Auf was Sie da in den unterschiedlichen Versionen stoßen, ist Ihr innerer Widerstand. Diese große unsichtbare Kraft, die Ihnen Energie raubt, tritt mit Sicherheit auf, wenn Sie sich auf neues Terrain wagen. Das ist keine persönliche Schwäche, sondern unserem genetischen Erbe geschuldet. Unserem Gehirn geht es nämlich seit der Frühzeit nicht um Entwicklung, sondern ums Überleben. Von daher ist der innere Widerstand ein Schutzmechanismus. In Urzeiten war es wesentlich sicherer, in der Horde zu bleiben, als ins Unbekannte aufzubrechen. Zwar gab es auch damals Menschen, die mutig oder neugierig unbekannte Regionen erforschten, aber die gerieten weitaus eher in Lebensgefahr als diejenigen, die brav vor Ort blieben. Bis heute steckt in uns das genetische Merkmal, dass der Impuls, ins Unbekannte aufzubrechen, Unbehagen verursacht. Wenn Sie sich diese Tatsache bewusst machen, werden Sie erkennen, dass die guten Gründe, eine Veränderung zu vermeiden, meist nur eine Tarnung Ihres Widerstandes sind.

Besonders für Frauen gibt es typische Motive, sich zurückzunehmen. Schauen Sie doch mal, welches für Sie zutrifft:

- Sie wollen eine harmonische Zusammenarbeit nicht gefährden. »Bis jetzt läuft es so gut. Wer weiß, was passiert, wenn ich in diesem Punkt nicht nachgebe.«
- Sie möchten nicht egoistisch erscheinen. »Die glauben sonst, ich denke nur an meinen Vorteil.«
- Sie wollen die Beziehung erhalten. »Ich liebe ihn doch!«
- Sie haben echtes Mitgefühl. »Ich kann sie in der Situation nicht im Stich lassen.«
- Sie sind Ihren Werten verpflichtet. »Für mich gilt die Bergpredigt Jesu.«
- Sie möchten nicht, dass andere erfahren, was Sie wirklich denken und fühlen. »Eigentlich finde ich sie todlangweilig, aber einen Kaffee kann ich ja mit ihr trinken.«
- Sie möchten als guter Mensch vor sich selbst oder anderen dastehen. »Da muss ich einfach helfen.«

Außerdem hat es auch scheinbar Vorteile, wenn alles so bleibt, wie es ist. Dieser heimliche Gewinn könnte Sie ebenfalls daran hindern, etwas zu verändern:

- Sie müssen Ihr Inneres nicht nach außen kehren.
- Sie können Ihr Image aufrechterhalten.
- Sie geraten nicht in unsichere Situationen.
- Sie werden nicht zurückgewiesen.
- Sie können sich weiter Ihren Tagträumen hingeben, ohne sie an der Realität zu überprüfen.
- Sie können sich als Opfer fühlen.
- Sie können bittersüß leiden.
- Sie können in Ruhe Ihre seelischen Wunden pflegen.
- Sie bleiben in Ihrer eigenen Welt und werden nicht durch fremde Ansichten gestört.
- Sie können weiterleben wie bisher.
- Sie müssen Ihre Vorurteile nicht aufgeben.

- Sie müssen sich nicht ändern.
- Sie gehen kein Risiko ein, bei Ihren Versuchen zu versagen.
- Sie sparen Zeit.
- Sie müssen sich nicht Ihren Defiziten stellen.
- Sie verärgern niemanden mit Ihren Änderungsversuchen.
- Sie müssen keine vertrauten Erfahrungen durch neue ersetzen.

Liste der Lieblingsausreden

Es ist verständlich, dass wir uns am liebsten davor drücken, den Sprung zu wagen, obwohl wir ihn als wichtig und richtig erkannt haben. Aber wer will schon vor sich selbst und wohlmeinenden Freundinnen als feige oder faul dastehen? Wer gibt schon gerne zu »Tut mir leid, ich habe einfach Schiss« oder »Ehrlich, das ist mir zu anstrengend«? Deshalb greifen wir zu einer plausiblen Ausrede, die uns entschuldigt, einen Aufschub verschafft oder uns in einem besseren Licht erscheinen lässt. Doch Vorsicht, die vermeintlich guten Gründe, warum Sie gegenwärtig nicht aktiv werden, sollten Sie sorgfältig hinterfragen. Hier sind die Klassiker – vielleicht ist auch Ihrer dabei:

»Das kann ich meinem Mann (meinen Kindern, meinen Eltern, meinen KollegInnen, meiner Freundin) nicht antun!«
Warum eigentlich nicht? Möglicherweise hat Ihr Umfeld bisher Signale der Hilflosigkeit oder Unfähigkeit ausgesandt, um Sie zu einem bestimmten Verhalten zu bewegen. Oder Sie halten sich für wichtiger und unersetzlicher, als Sie tatsächlich sind, und unterschätzen die Stärken und Fähigkeiten der anderen. Das Erstaunliche ist: Wenn es Ihnen mit Ihrem Entschluss wirklich ernst ist, kommen die Schwachen und Sensiblen meist besser zurecht, als Sie glauben.

»Das geht erst, wenn …«
die Kinder aus dem Haus sind, das Examen bestanden ist, Sie mehr Geld verdienen, der Job weniger stressig ist und so weiter. Geduld ist gut und schön, aber sie kann Sie auch daran hindern, für die Gegenwart kreative Zwischenlösungen zu finden. Schließlich garantiert Ihnen keiner, dass sich die Zukunft tatsächlich nach Ihren Wünschen entwickelt. Wenn Sie hier und jetzt eine praktikable Möglichkeit zur Veränderung suchen, können Sie gleich ausprobieren, ob es wirklich das ist, was Sie wollen.

»Dazu bin ich zu …«
alt, jung, dick, dumm, unattraktiv, behindert, arm, ungebildet oder was auch immer. Auf diese Weise begrenzen Sie sich unnötig durch Vorstellungen, wie Sie für eine Veränderung sein müssten. Tatsächlich gibt es für jede Regel Ausnahmen. Zum Beispiel erfolgreiche Leute ohne Studium, die große Liebe mit 77 Jahren, mollige Models, Weltreisende ohne Geld, Popstars, die keine schöne Stimme haben. Setzen Sie sich über Ihr scheinbares Handicap einfach hinweg und fangen Sie an.

»Mein Partner (mein Chef, meine Mutter …) lässt mich nicht.«
Hallo, Sie sind erwachsen und die Sklaverei ist längst abgeschafft. Sie könnten also, wenn Sie wollten. Vermutlich fürchten Sie aber, dass Sie die Liebe, das Wohlwollen oder die Anerkennung Ihres Umfelds verlieren, wenn Sie sich durchsetzen. Möglicherweise sind Sie auch harmoniesüchtig und haben Angst vor Streit. Doch dann sollten Sie überlegen: Wie viel ist eine Liebe oder Zustimmung wert, die nur auf Anpassung beruht?

»So wichtig ist mir das nun auch wieder nicht.«
Komisch, immer wenn es ernst wird, verwandelt sich der heiße Wunsch plötzlich in eine belanglose Gedankenspielerei. Er ver-

schwindet, so wie Zahnschmerzen plötzlich aufhören, sobald man verängstigt auf dem Weg zum Zahnarzt ist. Sie haben ja nur mal überlegt, was wäre, wenn …, aber so wild sind Sie schließlich nicht darauf, berufstätig zu werden, zu reisen, Ihre Meinung zu sagen, mehr im Mittelpunkt zu stehen. War nur so eine Idee. Dass der Gedanke trotzdem immer wieder auftaucht, sollte Sie allerdings stutzig machen. Psychologen wissen: Gleichgültigkeit ist meist eine Form des inneren Widerstandes.

»Es ist ja schon besser geworden.«
Ihr Partner zweigt ein wenig mehr Zeit für die Familie ab, Ihr Chef lobt Sie hier und da doch mal, oder Sie haben nicht mehr so häufig Kopfschmerzen wie früher. Kaum ist der akute Leidensdruck, der Sie zur Veränderung zwingen will, nicht mehr so stark, beschwichtigen Sie sich selbst. Aber mal ehrlich, reicht das bisschen schon aus, um zufrieden und glücklich zu sein? Als Anfang ist eine kleine Verbesserung sicher in Ordnung, aber auf die Dauer sollten Sie sich nicht mit Almosen abspeisen lassen.

»Ich komme einfach nicht dazu!«
Stimmt nicht! Zu den Dingen, die einem wirklich wichtig sind, kommt man immer. Dafür müssen Sie allerdings andere Prioritäten setzen. Eine Netflix-Serie nach Feierabend weniger und Sie können Italienisch lernen. Im Haushalt fünfe gerade sein lassen, dafür mehr Zeit für Freunde gewinnen. Nicht so lange im Internet surfen und dafür häufiger Sport machen. Ihnen wird schon einfallen, wo Sie Zeit sparen können, wenn Sie tatsächlich wollen. Ich halte es außerdem mit meinem Lieblingsspruch: »Zeit, die wir uns nicht nehmen, haben wir nie.« Wenn Sie nicht aufpassen, wird es immer etwas geben, das sich vordrängt und unbedingt getan werden will.

»Anderen geht es doch noch viel schlechter als mir.«
Diese Entschuldigung verwenden wir Frauen besonders gern, weil wir gelernt haben, bescheiden zu sein. Schließlich will man ja nicht egoistisch mehr vom Leben verlangen als andere. Doch diese Einstellung nutzt weder Ihnen noch den armen Betroffenen. Im Gegenteil: Wenn Sie es schaffen, etwas in Ihrem Leben zu ändern, macht das auch anderen Mut. Also: Orientieren Sie sich lieber nach oben als nach unten. Unter diesem Blickwinkel sehen Sie nämlich, was alles noch möglich ist.

»Man kann schließlich nicht alles haben.«
Das klingt doch sehr vernünftig. Nur stellt sich diese Weisheit bei näherem Hinschauen meist als Resignation heraus. Präziser müsste es deshalb heißen: »Ich bekomme ja doch nicht, was ich möchte, deshalb versuche ich es gar nicht erst.« Stimmt, alles kann man zwar nicht haben, aber Sie sollten nicht darauf verzichten, Ihren Herzenswunsch zu realisieren. Dazu haben Sie mehr in der Hand, als Sie glauben. Also bitte nicht zu früh resignieren, sondern erst einmal alles geben. Dann wird sich zeigen, was Sie bekommen.

»Ich habe es doch schon ein paar Mal versucht ...«
Na und? Edison hat tausend vergebliche Versuche unternommen, bevor er die Glühbirne erfand. Dass Ihre Anläufe zur Veränderung bisher nicht auf Anhieb erfolgreich gewesen sind, beweist nur, dass die richtige Methode noch nicht dabei war. Daraus lässt sich immerhin lernen, wie Sie es wahrscheinlich demnächst besser machen können. Lassen Sie sich von Niederlagen nicht umwerfen, sondern sagen Sie sich: »Jetzt erst recht!« Blättern Sie doch mal in Biografien berühmter Persönlichkeiten. Darin gibt es genügend Beweise, dass man trotz wiederholtem Scheitern mit Beharrlichkeit sein Ziel erreichen kann.

»Bei der hat das auch nicht geklappt.«
Wie gut, dass es abschreckende Vorbilder gibt, damit Sie gar nicht erst in Versuchung kommen, etwas zu ändern: Die Nachbarin, die nach einer Trennung reumütig zu ihrem Mann zurückgekehrt ist. Die Kollegin, die nach Neuseeland ausgewandert ist und nach einem Jahr mit sämtlichen Koffern enttäuscht und abgebrannt wieder in der Heimat ankam. Die Freundin, deren Sohn Drogen nahm, als sie anfing, in Vollzeit zu arbeiten. Negative Beispiele geben Ihnen nur nützliche Hinweise darauf, was Sie bedenken sollten – mehr nicht. Schließlich sind äußere Umstände niemals völlig gleich. Außerdem besitzt jeder Mensch eine eigene Persönlichkeit und hat damit eine individuelle Wirkung.

»Vielleicht ändert sich das von selbst.«
Kann sein. Kann aber auch sein, dass es sich niemals ändern wird. Warum sollte es auch, wenn es doch bisher funktioniert hat? Zumindest Ihr Umfeld scheint ja damit recht zufrieden zu sein. Jedenfalls geben Sie mit diesem Satz die Kontrolle über Ihr Leben ab und machen sich zum passiven Geschöpf. Warten Sie nicht länger auf Wunder oder himmlische Unterstützung, planen Sie die Veränderung selbst. Das hat außerdem den großen Vorteil, dass Sie den Zeitraum bestimmen können, in der sie passiert.

»Ja, die kann das, aber ich doch nicht ...«
Ein bisschen Neid und viel Minderwertigkeitsgefühl schwingen in diesem Ausspruch mit. Dabei besteht kein Grund, andere auf ein Podest zu heben. Das ist eine Klein-Mädchen-Einstellung. Stattdessen sollten Sie mal überlegen, was Ihre eigenen Stärken sind und was Sie sich von den erfolgreichen Frauen, die Sie so bewundern, abschauen können. Wetten, dass Sie von deren Eigenschaften auch ein Teil besitzen?

»Das kann ich auch noch später machen.«
Wieso sind Sie da eigentlich so sicher? Es ist ziemlich vermessen zu glauben, der Status quo bliebe für immer erhalten. Die Erde dreht sich weiter, die Zeiten ändern sich und Sie mit ihnen. Vielleicht sind Sie dann krank, längst verheiratet oder geschieden, auf dem Karrieretrip oder Sie müssen Ihre gebrechlichen Eltern pflegen, und wer weiß, was die Zukunft sonst noch an Überraschungen für Sie bereithält. Wenn Sie etwas in Ihrem Leben verändern oder unternehmen wollen, dann jetzt! Sonst ist die Chance vielleicht vorbei.

Ihr wahres Selbst hat es nicht verdient, mit Ausreden abgespeist zu werden. Die enthalten keine unüberwindlichen Gründe, sondern sind nur ein Schutzschild vor Ihren Ängsten oder Ihrer Bequemlichkeit. Anstatt sich dahinter zu verschanzen, gehen Sie diese beiden großen Bremsen lieber direkt und mutig an.

Überwinden Sie Ihre Ängste

Oft ist unsere Sehnsucht nach einer positiven Veränderung zwar stark, aber die Angst vor möglichen negativen Folgen hält uns zurück. Wir wären froh, wenn wir dieses hinderliche Gefühl los wären und unbeschwert aktiv werden könnten. Vor allem nervt das Hin und Her. Heute sind wir fest entschlossen, morgen haben wir schon wieder kalte Füße. In einer Coachingsitzung sagte eine Klientin, die vor einer beruflichen Entscheidung stand, genervt zu mir: »Können Sie mir meine Angst nicht einfach wegmachen?« Leider nicht. Wann immer Sie von einem gewohnten Status in einen unbekannten wechseln, ist das mit einem Risiko verbunden. Sie wissen nicht, wie gut Sie das Neue bewältigen.

Das löst Angst aus. Bevor Sie dieses Gefühl jedoch pauschal als lästige Bremse verteufeln, sollten Sie sich bewusst machen, welche Aufgabe Angst überhaupt in Ihrem Leben hat. Erst dann können Sie souverän entscheiden, wie Sie mit ihr umgehen wollen.

Angst ist ein Warnsignal

Vor Millionen Jahren, als unsere Vorfahren noch in Höhlen hausten, war Angst für sie überlebenswichtig. Ohne Klauen und Reißzähne überlebte der schwache Mensch nämlich nur mithilfe seines inneren Alarmsystems. Das teilte ihm mit, wann er sich so schnell wie möglich hinter dem nächsten Felsblock verstecken oder flüchten sollte. Wir, die Nachfahren dieser ÜberlebenskämpferInnen, tragen dieses sensible Warnsystem noch immer in uns. Es reagiert automatisch, vor allem bei existenzieller Bedrohung: Sobald wichtige Lebensbereiche, etwa Arbeit, Liebe oder Gesundheit, gefährdet sind, empfinden wir starke Angst. Doch wir spüren sie nicht nur bei tatsächlicher Gefahr. Unsere Vorstellungskraft löst den gleichen Effekt aus wie eine reale Bedrohung. Neues und Unbekanntes erscheint uns gefährlich, weil wir nicht abschätzen können, was auf uns zukommt. Viele unserer Wunschziele sind angstbesetzt, weil sie mit solchen Unwägbarkeiten verbunden sind.

Zum Glück sind wir der Angst heute nicht mehr auf Gedeih und Verderb ausgeliefert. Seit unsere Vorfahren durch den Urwald streiften, hat sich unser Gehirn entscheidend weiterentwickelt. Unsere für Angst zuständigen Regionen, das limbische System und die Amygdala, sind mit unserem Neocortex, dem Sitz des Denkens, verbunden. Deshalb ist es möglich, dass Sie das elementare Gefühl der Angst über Ihren Verstand beeinflussen können. Allerdings geht es nicht darum, die Angst gewaltsam zu unterdrücken. Abgesehen davon, dass Ihnen das kaum gelingen wird, wäre es auch unklug. Angst hat die Aufgabe, Sie wachsam zu machen, damit Sie eine Gefahr wahrnehmen. Doch sobald Ihre Aufmerksamkeit geweckt ist und Sie sich sämtliche Details der bedrohlich erscheinenden Situation bewusst gemacht haben, hat die Angst ihren Zweck erfüllt. Nun können Sie Ihre inneren Warnsignale ausschalten und sachlich überlegen:

- Wollen Sie Ihr Ziel aufgeben, weil es wirklich gefährlich ist?
- Sind Ihre Ängste angesichts Ihres Ziels überflüssig?
- Müssen Sie sich nur besser schützen oder vorbereiten?

Diese drei Fragen sollten Sie für sich durchgehen und überprüfen, wie risikoreich Ihr Traum tatsächlich ist.

Ihr Vorhaben ist gefährlich

Sehen Sie den Tatsachen ins Auge: Manchmal ist Ihre Angst absolut berechtigt. Immer dann nämlich, wenn Ihr Plan möglicherweise fatale Folgen haben könnte. Meist werden Sie darauf schon im Vorfeld hingewiesen:

- Personen aus Ihrer Umgebung, die normalerweise nicht ängstlich sind und keine Vorurteile haben, raten Ihnen davon ab.
- Fachleute warnen dringend davor.
- Die Statistik weist eine hohe Wahrscheinlichkeit im negativen Bereich auf, etwa hinsichtlich der Todesrate oder Kriminalität.
- Man hört überdurchschnittlich häufig davon, dass Menschen dabei verunglücken, sich finanziell ruinieren oder erkranken.

Egal was Ihr Selbst Ihnen vorschlägt, von wirklich gefährlichen Wünschen sollten Sie Abstand nehmen. Wenn das Ziel Ihrer Sehnsucht in einer Region liegt, vor deren Besuch das Auswärtige Amt dringend warnt, belassen Sie es lieber beim Träumen. Sie spielen sonst mit Ihrem Leben. Die Schwester eines meiner Freunde ignorierte sämtliche Warnungen. Sie gab sich mutig: »Seid doch nicht so negativ, mir passiert schon nichts.« Mit Rucksack und Fotoausrüstung brach sie allein zu einem Urlaub nach Südafrika auf. Sie fiel einem Raubüberfall zum Opfer. Auch von Wünschen, deren Erfüllung Ihre Gesundheit massiv gefährden könnte, wie etwa einer riskanten Schönheitsoperation für besseres Aussehen, sollten Sie lieber absehen. Verabschieden Sie sich ebenfalls von Wünschen, die mit unzuverlässigen oder gar gefährlichen Menschen zu tun haben. Wenn Sie bei jemandem betrügerische Absichten, Narzissmus oder Drogenkonsum vermuten, beachten Sie unbedingt Ihre inneren Warnsignale. Ein überhebliches oder sorgloses »Ich kriege das schon in den Griff«, hat sich leider häufig als Fehleinschätzung erwiesen. Auch Liebe ist in solchen Fällen kein Allheilmittel.

Ist Ihr Wunschziel in puncto Sicherheit tatsächlich bedenklich, dann liegt die Entscheidung bei Ihnen, ob Sie daran festhalten wollen. Schließlich gibt es immer Menschen, die sich auch von realen Gefahren nicht abschrecken lassen, wie Mount-Everest-Besteigungen oder Solo-Wüstenwanderungen zeigen. Wenn Sie also trotz eines hohen Risikos nicht auf Ihren Wunsch verzichten möchten, sollte Ihnen klar sein: Ihr wahres Bedürfnis ist es, eine Grenzerfahrung zu machen. Falls Sie meinen, das könnten Sie nur auf diese Weise, dann beherzigen Sie wenigstens die Regel aller AbenteurerInnen: Bereiten Sie sich optimal vor.

Ihre Furcht ist überflüssig

Im Gegensatz zu den gefährlichen Herzenswünschen gibt es auch solche, deren Weg zur Erfüllung kein echtes Gefahrenpotenzial enthält. Sie bilden sich die drohenden Konsequenzen nur ein und versetzen sich selbst in Angst und Schrecken. In Ihrer Fantasie entwickeln Sie ein lebhaftes Szenario des Scheiterns. Die häufigsten Ursachen für den Horrorfilm im Kopf sind soziale Ängste und geringes Selbstvertrauen. Sie fürchten, dass man Sie ablehnt. Oder Sie glauben, Ihre Fähigkeiten würden für Ihr Wunschziel nicht ausreichen. Was hinter Ihrer Angst steckt, finden Sie schnell heraus, wenn Sie Ihrem inneren Selbstgespräch lauschen. Vielleicht hören Sie dann Aussagen wie:

- Alle werden mich auslachen.
- Keiner spricht mehr mit mir.
- Ich blamiere mich furchtbar.
- Ich werde nichts verstehen.
- Was ist, wenn ich reumütig zurückkriechen muss?
- Alle sind gegen mich.

Wenn Sie sich solche Sätze genau anschauen, stellen Sie fest, dass es sich um übertriebene Schwarzmalerei handelt. Dass Sie etwa in der Fortbildung gar nichts kapieren werden, ist unwahrscheinlich. Sie werden vielleicht manches nicht verstehen, aber dann können Sie fragen oder den Stoff nacharbeiten. Dass Sie trotz bester Vorbereitung bei der Prüfung einen völligen Blackout haben, wird auch kaum vorkommen. Allenfalls sind Sie am Anfang schrecklich aufgeregt, aber Ihr Gehirn lässt Sie bestimmt nicht komplett im Stich.

Tipps gegen Panik

Die folgenden Tipps haben sich bewährt, um das innere Drama abzumildern und sich wieder auf den Weg zurück in die Realität zu begeben:

Reden Sie sich selbst gut zu

Was würden Sie einer Freundin sagen, die ein Bewerbungsgespräch vor sich hat? Etwa dies? »Oh je, das geht bestimmt daneben! Die Personaler werden dich garantiert in die Zange nehmen. Ich fürchte, dass du das nicht packst. Vor allem, wo du doch diese Lücke im Lebenslauf hast. Wahrscheinlich kriegst du den Job sowieso nicht.« So würden Sie sich wohl kaum äußern. Vielmehr ermutigen Sie Ihre Freundin: »Mach dir keine Sorgen. Du hast dich gut vorbereitet, mehr kannst du nicht tun. Gib einfach dein Bestes, das reicht völlig aus. Du schaffst das bestimmt.« Na also, warum sollten Sie sich selbst schlechter behandeln als eine Freundin? Beruhigen Sie sich auf liebevolle Art. Man nennt diese Haltung auch »Selbstmitgefühl«.

Sprechen Sie mit Vertrauten über Ihre Befürchtungen

Andere haben meist einen klareren Blick auf uns als wir selbst. Das gilt besonders, wenn wir dazu neigen, unsere Fähigkeiten zu unterschätzen. Fragen Sie ehrliche Freunde, die menschlich und fachlich zuverlässig sind: »Traust du mir das zu?«, »Meinst du, ich kann das?« Und wenn sie Ihnen dann etwas Positives sagen, glauben Sie es bitte. Versuchen Sie nicht, im Gegenzug eifrig zu beweisen, dass man Sie völlig falsch beurteilt.

Auf keinen Fall sollten Sie sich durch überflüssige Ängste blockieren lassen. Was man befürchtet, tritt nämlich meist gar nicht ein. Kürzlich las ich einen schönen Satz: »Bei allem, was passieren könnte, ist es doch erstaunlich, wie wenig passiert.« Der amerikanische Psychotherapeut Gary Emery vertritt die gleiche Ansicht. Er benutzt ein Sparschwein, um seinen überängstlichen Klienten genau das konkret zu beweisen. Sobald sich jemand mit unnötigen Ängsten lahmlegt, wettet Emery mit ihm um einen Dollar, dass das, was er befürchtet, nicht geschehen wird. Das Schwein in der Praxis ist immer gut gefüllt.

Träumen Sie mit 50 Prozent Risiko

Die gefährlichen Ziele und diejenigen, bei denen Angst ziemlich überflüssig ist, haben wir bereits aussortiert. Bleibt noch die große Gruppe der Herzenswünsche, die zwar ein gewisses Risiko bergen, bei denen aber Ihre Chancen auf Erfolg fifty-fifty stehen. Da Sie nicht in die Zukunft schauen können, wissen Sie nicht, wie die Würfel fallen werden. Das Unwägbare macht Ihnen Angst und hindert Sie oft genug daran, aktiv zu werden.

Es gibt keine Garantie dafür, dass Sie sich nicht einsam fühlen, wenn Sie sich aus einer ungeliebten Beziehung lösen. Oder dass das kleine Café, das Sie eröffnen wollen, tatsächlich viele Gäste anziehen wird. Sie wissen nicht, ob Sie in der anderen Stadt wirklich glücklich werden. Sie haben keine Sicherheit, dass Sie genug verdienen, wenn Sie kündigen und sich selbstständig machen. Sie wissen nicht, wie Ihr Umfeld reagiert, wenn Sie sich stärker durchsetzen.

Doch auch bei solchen Vorhaben lässt sich gezielt etwas gegen die innere Lähmung tun. Mit rationalen Überlegungen können Sie Ihre Angst auf ein Mindestmaß beschränken und damit fast immer handlungsfähig bleiben. Eine wirkungsvolle Methode dazu stammt ebenfalls von Dr. Emery – dem, mit dem Sparschwein in seiner Praxis. Zusammen mit seinem Kollegen James Campbell hat er eine geniale Formel entwickelt, mit der sich der individuelle Grad der Angst zunächst feststellen und dann verringern lässt.

Mindern Sie Ihre Besorgnis mit der Anti-Angstformel

Emerys Formel lautet: »Unbekanntes mal Bedeutung gleich Grad der Angst.« Diese Formel können Sie anwenden, um Ihre Angst zu verringern. Sie trägt nämlich schon die Lösung in sich. Sehen Sie sich dazu die beiden Faktoren genauer an, aus denen sie sich zusammensetzt, die enthalten nämlich einen praktischen Ansatz: Das Unbekannte verringern Sie durch mehr Information, die Bedeutung minimieren Sie, indem Sie die Situation weniger wichtig nehmen. Und so bekommen Sie das hin:

Informieren Sie sich über das Unbekannte

Wovor Sie sich auch immer fürchten, bemühen Sie sich, mehr darüber zu erfahren. Angenommen, Sie haben die Arbeitsstelle, in der Sie unglücklich waren, gekündigt und haben gewagt, sich bei einer Firma zu bewerben, deren Werte Ihren Vorstellungen entsprechen. Man lädt Sie zum Vorstellungsgespräch ein. Nach kurzer Freude kriecht in Ihnen die Angst hoch. Was ist, wenn Sie auf kritische Fragen keine Antwort wissen? Und welches Outfit kommt wohl am besten an? Sollen Sie sich lieber locker geben oder eher seriös? Oh Gott, am liebsten möchten Sie gar nicht hingehen, dann ersparen Sie sich wenigstens die Blamage. Stopp! Hier greift der erste Teil der Gegenstrategie: Sie erhöhen Ihr Wissen über das Unbekannte. Um die Struktur und die Produkte der Firma näher kennenzulernen, sehen Sie sich deren Website genau an. Dabei informieren Sie sich auch über den Dresscode, damit Sie passend gekleidet sind. Dann präparieren Sie Antworten auf sämtliche heiklen Fragen, die kommen könnten. Schließlich testen Sie, wie lange Sie für den Weg zum Treffpunkt brauchen, damit Sie pünktlich dort sind.

Ich bin sicher, dass Sie mit diesem Know-how den Grad der Unbekanntheit mindestens um die Hälfte senken.

Und nun zum nächsten Teil der Formel.

Schrauben Sie die Bedeutung zurück

Jetzt fahren Sie die Wichtigkeit der Situation herunter. Je weniger entscheidend die für Sie ist, desto gelassener sind Sie. Und je gelassener Sie sind, desto mehr stehen Ihnen Ihre Fähigkeiten zur Verfügung. Dabei helfen Ihnen ein paar wirkungsvolle mentale Techniken:

- Vergleichen Sie das, was Ihnen bevorsteht, mit Ereignissen in Ihrer Vergangenheit. Sicherlich ist die Überwindung einer schweren Krankheit oder die Geburt eines Kindes tiefgreifender als das Vorstellungsgespräch, vor dem Sie sich fürchten.
- Machen Sie sich bewusst, dass schon allein Ihr Versuch, sich einer Angst einflößenden Situation zu stellen, einen Orden verdient. Auch wenn es danebengeht, Sie können in jedem Fall stolz auf sich sein. Die meisten Menschen tun keinen Schritt über ihre Komfortzone hinaus. Sie dagegen riskieren etwas.
- Führen Sie sich Folgendes vor Augen: In einem Jahr kräht kein Hahn mehr danach, ob Sie sich blamiert haben. Was jetzt für Sie von höchster Bedeutung ist und Sie in Angst versetzt, ist vielleicht schon bald Schnee von gestern. Außerdem, überlegen Sie mal: Wie oft haben Sie sich aufgeregt und es ist dann nur halb so schlimm geworden, oder es hat sich ein unerwarteter Ausweg gezeigt, mit dem Sie gar nicht gerechnet haben?

- Last but not least ist es auch entlastend, wenn Sie einen Plan B entwickeln für den Fall, dass es tatsächlich schiefgeht. Mit einer Alternative in der Tasche können Sie die Herausforderung viel entspannter angehen. Eine Freundin von mir sagte wild entschlossen: »Wenn ich den Job nicht kriege, dann verkaufe ich eben meine selbst gekochte Marmelade.«

Sicherheit versus Veränderung

Mit der Formel haben Sie ein praktisches Instrument, um Ihre Angst zu reduzieren. In vielen Fällen wird durch mehr Information und durch eine verringerte Bedeutung das Risiko so klein, dass Sie sich trauen, es einzugehen. Es kann aber auch sein, dass sich die Kluft zwischen Ihrem gegenwärtigen Zustand und der geplanten Veränderung zwar durchaus verkleinert hat, Sie sich aber trotzdem noch zu unsicher fühlen, um den Schritt zu wagen. Sie quälen sich weiterhin mit der Frage: »Soll ich oder soll ich nicht?« Sie möchten auf keinen Fall eine falsche Entscheidung treffen. Diese Einstellung hat Tradition. In unserem Kulturkreis ist man allgemein sehr auf Sicherheit bedacht. »Pass schön auf!«, hören wir schon als kleines Mädchen. Auch später ist unser Umfeld sehr darauf bedacht, dass wir uns bei Entscheidungen vor allem an der Sicherheit orientieren. Unsere Eltern stärken uns wohl kaum begeistert den Rücken, wenn wir fröhlich verkünden: »Ich werde Schauspielerin!« Ich kenne jedenfalls mehr Väter und Mütter, die ihre Kinder lieber als Trainee bei einer Bank sähen. Im Job setzt sich das Sicherheitsprinzip dann weiter fort. Zwar verkünden Anzeigen und Webaufrufe der Firmen »Wir suchen Querdenker«, aber wehe, eine echte Querdenkerin taucht auf und schlägt eine Neuerung vor. Dann kommen schnell Killerphrasen wie: »Das kann nicht funktionieren.«, »Das nehmen die Kunden nicht an.« Kein Wunder also, wenn wir unser Sicherheitsdenken auch auf unseren Wunsch nach Veränderung übertragen: »Was ist, wenn ich scheitere? Wenn sich das als Flop herausstellt? Wenn ich in Schwierigkeiten komme? Wenn es nicht so schön ist, wie ich dachte?«

Sie gewinnen in jedem Fall

Was würden Sie sagen, wenn ich Ihnen versicherte, dass Sie sich gar nicht falsch entscheiden können? Genau das ist nämlich der Fall. Vor lauter Angst zu scheitern, vergessen wir, dass wir aus Fehlern lernen. Deshalb gibt es in Wirklichkeit nur etwas zu gewinnen, egal wie es ausgeht, nämlich Erfahrung und Kompetenz. Statt also zu grübeln »Was verliere ich, wenn ich das riskiere?« oder »Was kann mir Schlimmes passieren?«, fragen Sie sich lieber: »Was kann ich dabei gewinnen?« Das endgültige Ergebnis können Sie zwar nicht im Vorhinein kontrollieren, wohl aber lässt sich schon jetzt beurteilen, was Sie in jedem Fall gewinnen, wenn Sie sich auf das Unbekannte einlassen: Selbst wenn es nach Ihrer Entscheidung zur Krise kommt und sich Ihre sämtlichen Ängste erfüllen, werden Sie daraus einen Nutzen ziehen. Das ist mehr als nur ein psychologisches Beruhigungsmittel, es gibt dafür eindeutige Beweise.

Im Rahmen meiner Doktorarbeit zum Thema Glücklichsein stieß ich auf die Untersuchung von Robert Blondin, einem kanadischen Wissenschaftsjournalisten. Blondin bereiste mehrere Länder mit dem Ziel herauszufinden, was Menschen glücklich macht. Bei der Suche nach den passenden Interviewpartnern ging er nach einem einfachen System vor. In dem jeweiligen Ort fragte er Einwohner, ob sie ihm die Adresse eines glücklichen Menschen nennen könnten. Mit der Anschrift in der Tasche suchte er dann die Person auf und erkundigte sich, ob sie sich selbst ebenfalls als glücklich einschätzte. Fiel die Antwort positiv aus, begann er mit seinem Interview. Das Ergebnis aus Tausenden Befragungen war sehr interessant: Glücklich waren nicht etwa diejenigen, denen das Leben nur Gutes beschert hatte, die schön, reich oder talentiert waren oder die man besonders gefördert hatte. Glücklich waren vor allem Menschen, die durch Krisen gegangen waren, die etwas riskiert hatten und immer wieder feststellen konnten: »Ich werde damit fertig.« Das bedeutet nicht unbedingt, als strahlende Heldin vom Platz zu gehen, sondern mit dem Ergebnis klarzukommen und daraus zu lernen. Denken Sie also immer daran: Sogar wenn Sie Ihr Wunschziel nicht erreichen, gewinnen Sie allein schon durch den Versuch an Profil und Persönlichkeit. Sofern Sie die entstehenden Probleme bewältigen, wächst in Ihnen die Gewissheit, dass Sie Fähigkeiten und Stärke besitzen. Sie können stolz auf sich sein. Und vor allem: Sie müssen nie bereuen, es nicht wenigstens versucht zu haben.

Das ultimative Mittel gegen die Angst

Bis hierher habe ich mich dafür engagiert, Ihnen psychologisches Werkzeug an die Hand zu geben, damit Sie Ihre Angst in den Griff bekommen und aktiv werden. Vielleicht haben Sie es ausprobiert, in der Erwartung, Ihre Angst würde vollkommen verschwinden. Und nun spüren Sie enttäuscht: »Ich habe ja immer noch etwas Angst.« Haben die Methoden versagt? Oder haben Sie etwas falsch gemacht? Weder noch! Ich muss jetzt wohl die Katze aus dem Sack lassen: Mit sämtlichen guten Techniken können Sie zwar Ihre Angst auf ein angemessenes Maß reduzieren, doch sogar damit werden Sie sie nur selten endgültig los. Es gibt nur ein einziges Mittel, um sie völlig aufzulösen: Sie müssen genau das tun, wovor Sie Angst haben.

Die New Yorker Psychologin Susan Jeffers hielt als ausgewiesene Expertin in Sachen Angst Seminare für Frauen, die ihre Furcht verlieren wollten, damit sie endlich so leben konnten, wie sie es sich vorstellten. Wie Helen, die davon träumte, ihren Job aufzugeben, um Künstlerin zu werden. Oder wie Paula, die gerne ihr Geschäft erweitert hätte, aber den Sprung zur nächsten Stufe nicht schaffte. Susan Jeffers vermittelte ihnen außer vielen guten Tipps zur Bewältigung ihrer Angst auch diesen Rat: »Feel the fear and do it anyway.« Ich übersetze das so: »Nehmen Sie Ihre Angst wahr und handeln Sie trotzdem!«

Diesen letzten Schritt kann Ihnen niemand abnehmen. Wenn Sie geklärt haben, was zu klären ist, dann müssen Sie aktiv werden. Im Vertrauen darauf, dass es gut wird – was immer auch dabei herauskommen mag.

Schluss mit der Bequemlichkeit!

Angst ist eine starke Bremse, aber es gibt noch eine weitere, die ihr an Wirkung in nichts nachsteht: Die Bequemlichkeit. Wir verhalten uns gerne nach dem Motto »Was dir von Gott ist zugedacht, das wird dir bis ans Bett gebracht«. Ich will nicht bestreiten, dass auch das gelegentlich vorkommt, aber in den meisten Fällen ist bloßem Wünschen ohne Handeln kein Erfolg beschieden. Und mal ehrlich – eigentlich wissen wir das doch längst. Wie kommt es also, dass wir trotzdem träge bleiben, anstatt zu tun, was nötig ist, um unser Selbst zu entfalten? Schuld daran ist unser Gehirn. Es versucht immer, mit möglichst geringem Energieaufwand zu funktionieren und Überlastung zu vermeiden. Den Effekt nennt man auch den »inneren Schweinehund«. Diese Bezeichnung ist ebenso uncharmant wie ungerecht. Ich spreche lieber von einer »inneren Wellnessberaterin«. Im Prinzip hat dieser Anteil unserer Persönlichkeit nämlich nur gute Absichten, auch wenn die Auswirkungen für uns nicht immer die besten sind.

Ihre innere Wellnessberaterin meint es gut

Die Aufgabe Ihrer inneren Wellnessberaterin ist es, Sie vor Stress zu schützen. Sie sorgt dafür, dass Sie sich nicht überanstrengen, sie möchte, dass Sie es im Alltag leichter haben. Ihr bewährtes Mittel, es Ihnen angenehm zu machen, ist die Gewohnheit. Über Gewohnheiten müssen Sie nicht lange nachdenken, sie laufen automatisch ab. Dagegen kostet alles, was vom Üblichen abweicht, geistige, seelische oder körperliche Energie. Genau das möchte Ihre innere Wellnessberaterin verhindern. Für Ihr Selbst aktiv zu werden bedeutet jedoch, die Komfortzone zu verlassen und Anstrengungen auf sich zu nehmen. Um das zu vermeiden gibt Ihnen Ihre innere Wellnessberaterin gerne gute Argumente an die Hand. Zum Beispiel diese:

- Im Augenblick hast du dafür gar keine Zeit.
- Jetzt ist das gerade sehr ungünstig.
- Du hast im Moment so viel zu tun.
- Dazu musst du erst noch einiges lernen (vorbereiten, besorgen).
- Dafür fehlt dir das Geld.
- Das dauert zu lange.
- Warte damit lieber bis … (die Kinder aus dem Haus sind, du dich stärker fühlst, der Sommer kommt).
- Du kannst einfach nicht … (sparen, um Hilfe bitten, Nein sagen).

Außerdem verstärkt Ihre innere Wellnessberaterin ihre Argumente geschickt mit den dazu passenden Gefühlen: In Gedanken an die jeweilige Aktivität fühlen Sie sich unfähig, überfordert, gehemmt oder lustlos. So viel ist sicher, wenn Sie Ihrer inneren Wellnessberaterin das Feld überlassen, rühren Sie sich nicht vom Fleck. Das hat zwar den Vorteil, dass Sie sich nicht anstrengen – insofern hat sie einen super Job gemacht –, aber Ihre Veränderung erreichen Sie so nicht.

Versuchen Sie daher, Ihre innere Wellnessberaterin davon zu überzeugen, wie sinnvoll es doch ist, für Ihr Selbst aktiv zu werden. Wie fit Sie werden, wenn Sie jeden Tag joggen. Wie notwendig es ist, diese Fortbildung zu machen, um weiterzukommen. Dass es sich lohnt, sich für eine neue Liebe bei einer seriösen Online-Partnerschaftsbörse anzumelden. Dass Sie für den Traumjob endlich Bewerbungen schreiben sollten. Dass es sinnvoll ist, für mehr Lebensfreude öfter auszugehen.

Manchmal lässt sich Ihre innere Wellnessberaterin dadurch tatsächlich überzeugen. Aber nach meiner persönlichen Erfahrung kommt man bei Zielen, die zu Anfang ungewohnte Anstrengungen verlangen, an der Dame nicht vorbei. Für gewöhnlich setzt sie alle ihr zur Verfügung stehenden Strategien ein, um ihrem Schützling Stress zu ersparen. Doch es gibt eine wirkungsvolle Technik, mit der sich jede innere Wellnessberaterin auf der Stelle überlisten lässt. Diese einfache Methode möchte ich Ihnen weitergeben.

Nutzen Sie die Roboter-Methode

Solange Sie darauf warten, dass Sie sich in Bestform oder in der richtigen Stimmung befinden, wird sich kaum etwas ändern. Das Geheimnis Ihres Erfolges besteht darin, dass Sie Ihre Gefühle und Ihr Denken – beides Lieblingsdomänen Ihrer inneren Wellnessberaterin – einfach überspringen. Sie ignorieren das ganze Vorspiel von skeptischen Überlegungen und negativen Emotionen und setzen mit einer Aktivität ein. Das gelingt Ihnen, indem Sie sich mechanisch wie ein Roboter verhalten. Typisch für Roboter ist, dass sie einprogrammierte Befehle ohne Wenn und Aber ausführen. Genau das macht die Roboter-Methode aus.

Aber Achtung, damit wir uns nicht missverstehen: Dies ist keine Bedienungsanleitung für riskante Unternehmungen. Es geht nicht darum, dass Sie sich unüberlegt auf waghalsige Abenteuer einlassen, nach dem Motto: »Ich verdränge meine Befürchtungen – und Action!« Die Roboter-Methode sollten Sie nur bei eindeutig positiven und ungefährlichen Vorhaben einsetzen, zum Beispiel wenn Sie neue Freunde finden oder sich für eine Fortbildung anmelden möchten.

Und so funktioniert die Roboter-Methode:

- Schreiben Sie zunächst präzise auf, was Sie tun möchten.
- Legen Sie dann genau fest, wann Sie es tun wollen, mit Datum und Uhrzeit.
- Werden Sie automatisch zu der von Ihnen festgelegten Zeit aktiv.

Die Roboter-Methode hilft generell, den ersten Schritt zu tun, etwa die Wohnung zu entrümpeln, Informationen zu sammeln oder endlich ein Fachbuch aufzuschlagen. Besonders geeignet ist sie jedoch für Wunschziele, bei denen Sie eine Routine aufbauen müssen.

Entwickeln Sie Routine

Oft ist Wiederholung nötig, um ein neues Verhalten zu festigen. Etwa wenn Sie mehr Sport machen oder Ihre Ernährung umstellen möchten. Oder wenn Sie mehr unter Leute gehen wollen, um

Kontakte zu knüpfen. Das sollte Ihnen zur lieben Gewohnheit werden. Erst dann gehört es wirklich zu Ihrer Persönlichkeit und macht kaum noch Mühe. Das Gute ist: Alles, was Sie kontinuierlich und regelmäßig tun, wird automatisch zur Routine. Wenn Sie es eine Zeit lang – als Erfahrungswert gelten etwa 30 Tage – strikt durchhalten, bedeutet es für Sie keine Anstrengung mehr. Denken Sie nur daran, wie mühsam es ist, Auto fahren zu lernen. Zunächst muss man sich jeden einzelnen Vorgang bewusst machen und dann auch noch alle erforderlichen Aktivitäten miteinander kombinieren. Man denkt: »Das lerne ich nie.« Und eines Tages, nachdem man sich wieder und wieder ans Steuer gesetzt hat, hat man es drauf. Das Unterbewusstsein übernimmt die Kontrolle schließlich so perfekt, dass man sich locker mit seiner Beifahrerin unterhalten oder einen Podcast hören kann.

Nutzen Sie die Roboter-Methode immer wieder, wenn nötig Tag für Tag, bis sie überflüssig geworden ist. Mir ist es auf diese Weise gelungen, regelmäßig Sport zu machen. Zunächst kostete mich das große Überwindung. Hätte ich meinen Unlustgefühlen nachgegeben, wäre ich weiterhin gemütlich auf der Couch sitzen geblieben. Stattdessen habe ich robotermäßig meine Laufschuhe angezogen und bin in den nahe gelegenen Park marschiert. Ich musste eine Zeit lang jeden Morgen die Roboter-Methode anwenden, doch inzwischen fehlt es mir sogar, wenn ich mal nicht vor dem Frühstück meine Runden drehen kann.

Der chinesische Weise Laotse sagt: »Jede Reise beginnt mit dem ersten Schritt.« Das gilt auch für die Reise zu sich selbst. Lassen Sie sich von Ihrer inneren Wellnessberaterin nicht davon abhalten, diese Reise zu beginnen.

TEIL V:

KRAFT FÜRS SELBST TANKEN

Motivieren Sie sich selbst

Wer wollen Sie sein? Wie möchten Sie leben? Was wollen Sie in den nächsten Jahren noch realisieren? Was immer Sie sich vornehmen – es zu verwirklichen ist wahrscheinlich kein Sprint, sondern ein Marathon. Es wird Ihnen vermutlich eine Menge Durchhaltevermögen, Mut und Energie abfordern. Um die zu bekommen oder sich zu erhalten, brauchen Sie einen starken inneren Antrieb. Nicht immer sind andere Menschen in Ihrer Nähe, um Sie zu unterstützen, deshalb sollten Sie auch in der Lage sein, sich selbst zu motivieren. Sonst bleiben Sie möglicherweise bei Rückschlägen oder während einer Durststrecke auf halbem Weg stehen. Von daher lohnt es sich zu überlegen, wie es um Ihre Motivation bestellt ist und wie Sie sie fördern können.

Machen Sie den Motivations-Check

Überprüfen Sie, wie hoch Ihre Motivation ist, Ihren Traum zu verwirklichen. Horchen Sie in sich hinein, ob für Sie die folgenden Aussagen gelten:

- »Ich will das unbedingt erreichen (haben).«
- »Ohne das bin ich nicht glücklich.«
- »Ich brenne dafür.«
- »Ich muss das einfach hinkriegen.«
- »Ich denke sehr oft daran.«
- »Ich bin ganz sicher, dass ich es (eines Tages) bekomme oder schaffe.«

Wenn Sie auch nur zwei dieser Aussagen bejahen, zeigen Sie bereits eine hohe Motivation, und sie steigt mit jeder weiteren, der Sie zustimmen.

Oder klingt es bei Ihnen eher so:
- »Ich hätte das schon gerne.«
- »Es wäre wirklich schön, wenn es sich erfüllen würde.«
- »Ich würde mich freuen, das zu erreichen oder zu bekommen.«
- »Ich zweifle daran, dass ich es schaffe.«
- »Ich will es zwar, aber ich sehe keine Chance, das zu verwirklichen.
- »Vielleicht klappt es ja irgendwann.«

Stimmen Sie hier einer oder gar mehreren Aussagen zu, ist Ihre Motivation eher gering.

Ihre Motivation lässt sich erhöhen, indem Sie sich die Dringlichkeit bewusst machen. Der Schmerz, nicht gemäß dem eigenen Selbst zu leben, ist zwar oft spürbar, aber offenbar noch nicht groß genug, um entschieden aktiv zu werden. Damit der notwendige Druck in Ihnen entsteht, müssen Sie gegebenenfalls nachhelfen und sich klarmachen, dass Sie keine Zeit mehr verlieren dürfen.

Schmerz ist ein Motivations-Turbo

»Leid ist der beste Lehrmeister«, sagt ein Sprichwort. Tatsächlich werden wir meist erst dann aktiv, wenn es uns richtig schlecht geht. So kommen die meisten Paare in eine Paartherapie, wenn ihre Beziehung schon fast am Ende ist. Und viele Patienten warten mit ihrem Besuch beim Arzt, bis die Schmerzen unerträglich sind. So gesehen ist Schmerz heilsam, weil er uns zur Veränderung zwingt. Der amerikanische Coach Anthony Robbins sagt dazu: »Das stärkste Druckmittel, das Sie selbst erzeugen können, ist der Schmerz, der nicht von außen, sondern von innen kommt. Zu wissen, dass Sie es nicht geschafft haben, den eigenen Normen für Ihr Leben gerecht zu werden, ist der größte Schmerz.«

Es gibt einige Übungen, mit denen Sie durch Fantasie ein Gefühl der Dringlichkeit auslösen und Ihre Willenskraft mobilisieren können. Allerdings sollten Sie sie nur machen, wenn Sie sich dabei wohl und sicher fühlen. Sonst verzichten Sie darauf oder brechen sie einfach ab.

Auf dem Sterbebett

In ihrer Praxis in Los Angeles machen die Psychotherapeuten Phil Stutz und Barry Michels reichlich Erfahrung mit Menschen, die aus unterschiedlichen Gründen ihre Träume sabotieren. Für diese haben sie ein psychologisches Handwerkszeug entwickelt, das sie dramatisch »Leben oder Tod« nennen. Zwar erscheint es auf den ersten Blick etwas makaber, ist aber durchaus wirkungsvoll:

Legen Sie sich bequem auf den Rücken. Schließen Sie die Augen, atmen Sie tief und ruhig. Stellen Sie sich vor, Ihre letzte Stunde hätte geschlagen. Auf dem Sterbebett liegend schauen Sie zurück. Sind Sie zufrieden mit Ihrem Leben, wie es bis jetzt verlaufen ist? Gibt es etwas, das Sie bereuen oder das Sie versäumt haben? Lassen Sie sich Zeit, um Ihre Gefühle genau wahrzunehmen. Spüren Sie die Trauer darüber, dass es jetzt zu spät ist.

Öffnen Sie nun die Augen, setzen Sie sich langsam auf und

reiben Sie Ihre Handflächen aneinander. Genießen Sie die gute Nachricht: Noch sind Sie quicklebendig und haben die Möglichkeit, Ihre Träume zu verwirklichen!

Auch die folgende Fantasieübung, die ich häufig im Coaching einsetze, kann Ihnen helfen, gefühlsmäßig zu erleben, dass es für Sie dringend Zeit wird, Ihrem Selbst Ausdruck zu verleihen.

Die Zeitmaschine

Setzen Sie sich bequem hin und schließen Sie die Augen. Stellen Sie sich vor, Sie sitzen in einer Zeitmaschine und fahren drei Jahre voraus in die Zukunft. Schauen Sie sich in Ruhe an, wie Ihr Leben in drei Jahren aussieht, wenn Sie nicht umsetzen, was Ihr Selbst realisieren möchte. Wie geht es Ihnen bei dieser Vorstellung? Sind Sie frustriert? Deprimiert? Von sich selbst enttäuscht?

Wenn Sie sich in der Zukunft genug umgesehen haben, fahren Sie wieder in die Gegenwart zurück. Öffnen Sie die Augen, recken und strecken Sie sich. Machen Sie sich klar, dass Ihre Zukunft keineswegs so aussehen muss. Es liegt weitgehend in Ihrer Hand, ob und wie sie sich ändert.

Falls Ihnen Fantasieübungen nicht liegen, können Sie stattdessen auch sachlich überlegen, was Sie verlieren, wenn Sie Ihren Traum nicht verwirklichen:

Die Verlustliste

Jetzt dürfen Sie schwarzmalen. Stellen Sie sich sämtliche Nachteile vor, die es Ihnen bringt, wenn Sie alles beim Alten lassen. Was wird Ihnen an Lebensfreude, an beruflichem Erfolg und privatem Glück entgehen? Was werden Sie in Ihrem Leben vermissen? Schreiben Sie alle möglichen Verluste auf. Sehen Sie sich dann die einzelnen Posten an – wollen Sie das wirklich?

Ich bin sicher, dass die Fantasieübungen oder die Verlustliste ihre emotionale Wirkung nicht verfehlen. Diese Hilfsmittel zeigen nämlich: Was Sie im Augenblick noch irgendwie aushalten können, wird auf die Dauer unerträglich. Sie fühlen, wie es sein wird, wenn Sie Ihren gegenwärtigen Zustand weitere Jahre hinnehmen oder gar am Ende Ihres Lebens erkennen müssen, dass Sie versäumt haben, rechtzeitig die Weichen zu stellen. Das kann Ihnen den entscheidenden Impuls geben, konsequent etwas zu tun. Also wann, wenn nicht jetzt?

Motivation durch positive Erwartungen

Natürlich ist das Empfinden von Schmerz und Verlust nicht die einzige Form, mit der Sie sich klarmachen können, wie wichtig es ist, den Wünschen des Selbst zu folgen. Ebenso wirkungsvoll kann es sein, die positiven Aspekte einer Veränderung zu betrachten. Sie sehen vor allem die Anstrengungen und Schwierigkeiten, wenn Sie daran denken, etwas Neues anzufangen? Dann ist es sinnvoll, die Blickrichtung bewusst zu ändern. Notieren Sie alles, was Sie gewinnen, falls Sie durchhalten. Vielleicht inspiriert Sie die folgende Sammlung zukünftiger Belohnungen für Ihre eigene Liste positiver Folgen:

- Sie sind glücklich.
- Sie müssen nichts bereuen.
- Es macht mehr Spaß.
- Sie helfen anderen Menschen.
- Sie lernen interessante Leute kennen.
- Sie verdienen gutes Geld.
- Sie sind attraktiv.

- Sie sind eine Expertin auf Ihrem Gebiet.
- Man bewundert Sie.
- Sie können zufrieden mit sich sein.
- Ihre Lieben sind stolz auf Sie.
- Einige werden sich über Ihren Erfolg mächtig ärgern.
- Sie haben die Prüfung bestanden.
- Sie haben wichtige Dinge hinzugelernt.
- Es gibt Ihnen Selbstbewusstsein.

Auf diese Weise richten Sie den Fokus auf die Sonnenseite Ihrer Herausforderung. Lesen Sie sich Ihre Liste wieder durch, sobald Ihre Motivation zu schwinden droht. Sie werden spüren, wie Ihnen das neuen Schwung gibt.

Motivations-Espresso: Ermutigende Sprüche

Obwohl Sie die Dringlichkeit und Bedeutung Ihres Traumes erkannt haben, kann es passieren, dass die Motivation irgendwann auf Ihrem Weg geringer wird. Ihre mentale oder psychische Batterie ist leer.

Etwa wenn Sie erschöpft sind, weil das, was Sie sich vorgenommen haben, über längere Zeit anstrengend ist. Ich erinnere mich noch gut, dass ich während der Arbeit an meiner Dissertation über das Glücklichsein (!) einmal heulend am Schreibtisch saß und mich fragte, warum ich mir diesen Stress eigentlich antat.

Die Motivation schrumpft auch, wenn sich kein Erfolg zeigt. So geht es Silke, 42. Sie hat ihren ungeliebten Job als PR-Managerin gekündigt und ist ihrem Traum gefolgt, eine Coachingausbildung zu machen. Inzwischen ist ein halbes Jahr vergangen, und sie hat erst zwei Klienten. Enttäuscht fragt sie sich, ob das wirklich die richtige Entscheidung war.

Leider haben Sie in solchen Situationen meist nicht sofort jemanden zur Seite, der Ihnen wieder Mut macht. Hier können kurzfristig Sinnsprüche helfen. Sie stammen von Menschen, die vor Ihnen ähnliche Herausforderungen erlebt und überwunden haben. Ihre Erfahrungen haben sie in Aphorismen zusammengefasst. Einige dieser Sinnsprüche stammen von berühmten, meist sehr erfolgreichen Personen. Bei anderen ist die Quelle unbekannt, aber sie sind nicht weniger wirksam. Ich bezeichne diese starken Sätze jeweils als »Motivations-Espresso«, denn sie dringen unmittelbar ins Bewusstsein und bringen uns blitzschnell wieder auf die richtige Spur. Auf meinem Smartphone und an der Pinnwand in meinem Büro habe ich immer einige solcher Sätze, die mich aktuell besonders ansprechen und mir Impulse geben. Ein Blick darauf genügt, damit ich wieder weiß, worum es mir geht.

Die folgenden Weisheiten sind eine kleine Auswahl für Situationen, in denen Sie in Gefahr sind, die Kraft für eine Veränderung zu verlieren. Sie können Ihnen neue Energie geben und Sie unterstützen, wenn Ihre Motivation schwächelt:

»Ich bin zwar noch nicht am Ziel, aber schon näher dran als gestern.«

»Es ist egal, wie langsam du vorankommst – du überholst immer noch jeden, der nichts tut.«

»Ich verliere nicht. Entweder ich gewinne oder ich lerne.«

»Wer will, findet Wege. Wer nicht will, findet Gründe.«

»Wer kämpft, kann verlieren, wer nicht kämpft, hat schon verloren.« Bertold Brecht

»Der höchste Lohn für unsere Bemühungen ist nicht, was wir dafür bekommen, sondern was wir dadurch werden.« John Ruskin

»Mut steht am Anfang des Handelns, Glück am Ende.« Demokrit

»Habe keine Angst, das Gute aufzugeben, um das Großartige zu erreichen.« John D. Rockefeller

»Wer die Freiheit aufgibt, um die Sicherheit zu gewinnen, wird am Ende beides verlieren.« Benjamin Franklin

»Wenn Sie auf den Mond zielen und Sie treffen ihn nicht, landen Sie noch immer bei den Sternen.« Henry Ford

Vielleicht finden Sie weitere Sprüche, die Sie besonders inspirieren. Dann schreiben Sie sie auf eine Karteikarte und positionieren sie so, dass Ihr Blick zwischendurch immer wieder darauf fällt. Auf diese Weise können Sie sich auf die Schnelle selbst motivieren.

Suchen Sie sich Vorbilder

Wenn Sie sich entwickeln, verbessern oder weiterkommen wollen, nutzen Ihnen Vorbilder, mit denen Sie sich identifizieren und die Sie nachahmen können. Das darf man sich bildlich vorstellen wie eine Kletterhilfe, die einer Pflanze Halt und Sicherheit beim Wachstum gibt. Der kanadische Psychologe Albert Bandura sieht drei mögliche Lerneffekte, wenn man ein Vorbild hat: 1. Man erwirbt eine neue Verhaltensweise. 2. Ein vorhandenes Verhalten wird verstärkt oder gebremst. 3. Ein bestimmtes Verhalten wird ausgelöst.

Es lohnt sich also, sich umzuschauen, wer in Ihrem näheren Umfeld bereits umgesetzt hat, was Sie erreichen wollen. Wohlgemerkt geht es dabei nicht um den Wunsch, genau so wie diese Person zu sein. Eine Übertragung eins zu eins funktioniert meist nicht. Das liegt an der einmaligen Persönlichkeit jedes Menschen, seinem individuellen Werdegang und seiner Aufgabe. Vorbilder dienen lediglich als Inspiration oder vermitteln uns Anleitungen. Dazu passt der Begriff des »role models«, des Rollenmodells, den der amerikanische Soziologe Robert King Merton in den 1950er-Jahren geprägt hat. Rollenmodelle sind auf bestimmten Gebieten ein Stück weiter als Sie und können Ihnen zeigen, wie das, was Sie erreichen möchten, funktioniert: Wie schafft es Ihre Kollegin, immer die interessantesten Projekte zu bekommen? Wie gelingt es Ihrer Freundin, so beliebt zu sein, obwohl sie immer ehrlich ihre Meinung sagt? Wieso ist Ihre Bekannte stilvoll angezogen, obwohl sie nur wenig Geld für Kleidung ausgibt? Wie kriegt es die Besitzerin der Boutique in Ihrer Straße hin, dass ihr Laden brummt? Wie ist es möglich, dass Ihre Nachbarin auch nach der Trennung eine gute Beziehung zu ihrem Exmann hat? Beobachtung ist in solchen Fällen das Mittel der Wahl. In der Wirtschaft nennt man das »benchmarken«. Man analysiert zielgerichtet die Aktivitäten der erfolgreichsten Unternehmen in der eigenen Branche, um weiterzukommen.

Holen Sie sich Tipps

Es gibt auch noch einen kürzeren Weg: Sie erkundigen sich direkt bei Ihrem Vorbild nach seiner Methode. Die meisten Menschen fühlen sich geschmeichelt, wenn man sie bewundert, und sind gerne hilfsbereit. Von daher ist es eine Frage der richtigen Ansprache, um einen Rat zu erhalten. Wer kann schon widerstehen, wenn er hört: »Ich bin sehr beeindruckt von Ihnen. Könnten Sie wohl eine halbe Stunde erübrigen, wo und wann immer es Ihnen passt? Ich würde gerne erfahren, wie Sie so erfolgreich geworden sind.« Oder: »Ich bewundere, wie du damit umgehst. Ich wäre dir sehr dankbar, wenn du mir einen Tipp geben könntest, wie du das so hervorragend hinbekommst.«

Doch Vorsicht! Einfach nur das Wissen Ihres Gegenübers anzapfen zu wollen, funktioniert selten. Dazu habe ich kürzlich den Ausdruck »Brain-Picking« gehört. So bezeichnet man die Unart, ohne jede Gegenleistung von der Kompetenz anderer zu profitieren. Niemand lässt sich gerne ausnutzen. Sie sollten für Ihren Wunsch nach Information auch etwas bieten. Viel beschäftigte Menschen lassen sich sonst gar nicht erst auf Sie ein, andere sind verärgert und werden Ihnen in Zukunft gewiss nichts mehr verraten. Zum Ausgleich einen Gefallen tun, zum Essen einladen, ein kleines Geschenk machen – das sollte es schon sein. Oder zumindest sollten Sie eine interessante Geschichte bieten, die diejenige neugierig macht, von der Sie etwas wissen möchten.

Vor einiger Zeit bekam ich eine E-Mail von einer jungen Frau, die über ein Zeitschrifteninterview erfahren hatte, dass ich mich mit Persönlichkeitstrainings auskenne. Sie wollte mich gerne treffen, um Näheres über die Möglichkeiten auf diesem Gebiet zu erfahren. Dazu hatte sie ihrer Anfrage ein Foto von sich und ihrem Mann auf einem Segelboot anhängt und geschrieben, dass sie vorhabe, sich nach einer Weltumseglung neu zu orientieren. Das machte mich natürlich neugierig. Obwohl ich gerade beruflich sehr eingespannt war, traf ich mich mit ihr und gab ihr gerne Ratschläge.

Durch genaue Beobachtung oder direktes Nachfragen erfahren

Sie, mit welcher Methode andere Frauen ihr Ziel erreicht haben, und können auf diese Weise Ihre eigene Entwicklung beschleunigen.

Es müssen übrigens nicht immer lebende Vorbilder sein. Viele mutige Frauen haben in der Vergangenheit bewiesen, dass es durchaus möglich ist, das eigene Selbst zu leben, trotz geringer Chancen, schlimmer Familienverhältnisse, gesellschaftlicher Zwänge oder schicksalhaftem Pech. Ihnen verdanken wir es, dass wir es heute mit Blick auf die äußeren Bedingungen deutlich einfacher haben. Und damit sind nicht nur diejenigen Vorbilder gemeint, die sich für das Frauenwahlrecht und die Gleichberechtigung eingesetzt haben, sondern auch alle diejenigen, die ihre Ziele nicht aus den Augen verloren und sich ein selbstbestimmtes Leben erkämpft haben. Deshalb ist es hilfreich, sich über Biografien, Dokumentationen und Biopics von ihrem Mut, ihrer Beharrlichkeit und ihrer Widerstandsfähigkeit inspirieren zu lassen. Wenn sie es in härteren Zeiten als unseren geschafft haben, warum nicht auch wir?

Zwerginnen stehen auf den Schultern von Riesinnen

»Zwerge stehen auf den Schultern von Riesen«, heißt es in der Wissenschaft. Das will sagen: Man baut auf dem auf, was großartige Menschen vor einem erarbeitet haben. Bei berühmten Vorbildern hat man den Vorteil, dass ihre Biografien für jeden offen zugänglich sind. So erfährt man, dass sie nicht von Anfang an perfekt waren und viele Schwierigkeiten überwinden mussten.

Ich habe hier beispielhaft drei Frauen aus der Vergangenheit herausgesucht, die Ihnen gewiss so imponieren wie mir. Keine von ihnen ist perfekt, sie haben auch nicht alles richtig gemacht. Aber schließlich geht es nicht um Makellosigkeit, sondern um den Mut, man selbst zu sein. Den verkörpern diese Frauen jedenfalls exzellent.

Nummer eins ist die Fliegerin Elly Beinhorn. Auf sie bin ich zufällig gestoßen, als mir eine Postkarte in die Hände fiel. Sie zeigt eine junge Frau vor dem Propeller eines Flugzeugs, eine Pilotenbrille auf die Stirn geschoben, die Hände lässig in den Hosentaschen. Elly Beinhorn, Jahrgang 1907, träumt vom großen Abenteuer. Sie macht ihren Sportflugschein zu einer Zeit, in der schon Frauen am Steuer eines Autos misstrauisch beäugt werden. 1931 bricht sie in einem Leichtflugzeug zu ihrem ersten Flug nach Afrika auf. Trotz Notlandung in der Wüste und strapaziösem Fußmarsch erreicht sie schließlich Timbuktu. Der Flug macht sie berühmt, sie findet Sponsoren für weitere Expeditionen in den Wolken, manche davon lebensgefährlich. Sie stellt Langstreckenrekorde auf, startet sogar zu einem historischen Flug um die Welt. Erst mit 72 gibt sie ihren Pilotenschein zurück.

Meine zweite bewundernswerte Frau gehört in den Bereich der Kunst. Vor einigen Jahren besuchte ich die Künstlerkolonie Worpswede, ein kleines Jugendstilparadies in einer schwerblütigen Landschaft. Hier arbeitete ein Kreis von Malern – und Paula Modersohn-Becker. Wie umfangreich und bedeutend ihr Werk ist, zeigte sich mir später im Paula Modersohn-Becker Museum in Bremen. Der Titel der Führung dort lautete sinnigerweise: »Ich bin ich – Paula Modersohn-Becker«. Dass man trotz schmerzhafter Zurückweisung dem treu bleiben muss, was man für sich als richtig erkannt hat, zeigt die 1876 geborene Malerin in besonderem Maße: Paulas erste Ausstellung erhält eine vernichtende Kritik. Ihre Vereinfachung von Form und Farbe in der Malerei stößt auf so heftige Ablehnung, dass sie ihre Bilder noch während der laufenden Ausstellung abhängen muss. Heute befindet sich eines ihrer Werke im New Yorker Museum of Modern Art. Den Gemälden ihrer Malerkollegen ist diese Ehre nicht zuteilgeworden.

Meine dritte »Riesin« hat die Mode revolutioniert: Coco Chanel. Selbst ungünstigste Startbedingungen konnten diese entschlossene Frau nicht aufhalten, das belegt ihre Vita auf eindrucksvolle Weise. Sie wird 1883 als uneheliche Tochter eines Hausierers und einer Wäscherin im französischen Saumur geboren. Mit zwölf Jahren kommt sie in ein katholisches Waisenhaus, wo sie den Beruf einer Näherin erlernt. Mit 23 Jahren wird sie die Mätresse eines vermögenden Mannes, damals die einzige Chance für eine junge Frau, aus prekären Verhältnissen auszubrechen. Mit seiner Unterstützung eröffnet sie in Paris ein Atelier. Sie entwirft eine völlig neue, funktionale Mode, ohne den bis dahin üblichen überladenen Zierrat. Schon ein Jahr später beschäftigt sie 300 Näherinnen, kann alle Schulden bei ihren Mäzenen begleichen und wird von der *Vogue* als Inbegriff schlichter Eleganz geadelt. Coco Chanel stirbt im Alter von 87 Jahren in ihrem Hotelzimmer im Ritz, während sie an einer neuen Kollektion arbeitet.

Welche Frauen der Vergangenheit bewundern Sie? Vielleicht stammen sie entsprechend Ihren eigenen Interessen aus anderen Bereichen, etwa aus der Wissenschaft, der Politik, der Literatur oder dem Sport. Sie können dabei gerne frei durch die Jahrhunderte schweifen. Die Auswahl ist immens. Wen auch immer Sie sich aussuchen, allen diesen Frauen ist gemeinsam, dass sie sich die Freiheit genommen haben, sie selbst zu sein. Und wer weiß, was noch alles in Ihnen steckt?

Setzen Sie Ihr Selbst durch

Ideal ist es, wenn sich Ihre Mitmenschen nun von Herzen freuen, dass Sie endlich Ihr Selbst entfalten. Aber Sie müssen damit rechnen, dass nicht alle Hurra schreien, wenn Sie innerlich oder äußerlich aus der Reihe tanzen. Das liegt gewiss nicht daran, dass Ihr Umfeld besonders rückständig wäre. Vielmehr lässt es sich allgemein erklären: Eine Familie, KollegInnen und Freunde bilden ein soziales System. Es ist verständlich, dass die Angehörigen eines Systems ihren bewährten Status quo erhalten möchten. Jede Veränderung bedeutet eine Gefahr für die Gruppe. Wenn Sie also aktiv werden, Überzeugungen hinterfragen und sich Freiheiten nehmen, werden Sie notwendig auf Widerstand stoßen. Von daher ist es gut zu wissen, was Sie eventuell an negativer Resonanz erwartet, damit Sie davon nicht unvorbereitet getroffen werden. Dabei gibt es vor allem zwei Arten von Menschen, die Sie gerne von Ihrem Weg abbringen möchten: Die Freundlichen und die Feindseligen.

Die Lieben sorgen sich um Sie

Die Freundlichen sind einfach nur besorgt. Es mag sein, dass sie tatsächlich Probleme entdecken, die Sie übersehen haben und um die Sie sich kümmern sollten, aber in den meisten Fällen projizieren sie ihre eigenen Ängste auf Sie. Um Sie zu schützen, malen sie Ihnen die Konsequenzen Ihres Vorhabens in düsteren Farben aus: »Du gehst wirklich allein aus? Pass nur auf, dass dir keiner K.-o.-Tropfen ins Getränk schüttet. Dazu habe ich erst neulich in der Zeitung etwas Furchtbares gelesen …«, »Wenn du wieder ganztags arbeitest, dann leidet dein Familienleben. Willst du das deinen Kindern wirklich antun?«, »Ist ja schön, dass du einen Roman schreibst, aber als unbekannte Autorin hast du doch null Chancen, einen Verlag zu finden.«, »Weißt du eigentlich, wie viele Läden nach ein paar Monaten wieder schließen, weil die Kunden ausbleiben?« Oder wie es mir passierte, als ich mich seinerzeit für einen Studienplatz in Psychologie bewerben wollte: »Weißt du eigentlich, wie viele arbeitslose Psychologen es gibt?«

Oft verbirgt sich hinter den Einwänden auch unbewusster Neid: Da traut sich eine, das zu tun, wovor man selbst zurückschreckt. Gibt einfach ihren Job auf, trennt sich von ihrem Partner, nimmt ein Sabbatical, eröffnet ein Café, geht ins Ausland, liebt einen jüngeren Mann, fordert eine saftige Gehaltserhöhung, sagt Nein.

Sie kommen zwar nicht umhin, sich die Bedenken Ihrer Nächsten anzuhören, aber Sie bestimmen selbst, wie Sie damit umgehen. Wenn eine Besorgnis auf Ihre eigenen heimlichen Befürchtungen trifft, gilt der Spruch: »Verwandle Sorgen in Sorgfalt.« Tun Sie alles, was nötig ist, um dieses Problem möglichst zu vermeiden. Sehen Sie jedoch kein Risiko oder haben Sie bereits vorgesorgt, beruhigen Sie Ihre Mitmenschen. Bedanken Sie sich für ihre Anteilnahme und bleiben Sie liebevoll, denn schließlich meinen diejenigen es gut. Erklären Sie Ihren Standpunkt, aber lassen Sie sich auf keine Diskussion ein, damit Sie Ihr Selbstvertrauen behalten. Wenn Sie entschieden auftreten, können Sie am besten überzeugen.

Die Bösen wollen Sie bremsen

Es gibt aber auch diejenigen, die feindselig darauf reagieren, dass Sie plötzlich aus dem Ruder laufen. Schließlich profitieren diese Leute davon, dass Sie sich angepasst verhalten. Dass Sie immer zur Stelle sind, wenn sie Unterstützung brauchen. Dass Sie sich geduldig ihr Gejammer anhören. Oder dass Sie die alleinige Pflege eines Elternteils übernehmen, obwohl es noch Geschwister gibt. Dass Sie im Job für die anderen mitarbeiten. Dass Sie mit wenig Geld zufrieden sind. Solche Vorteile möchten manche Menschen verständlicherweise nicht verlieren. Deshalb fahren sie schwere Geschütze auf: »Du bist unglaublich egoistisch!«, »So kenne ich dich ja gar nicht.«, »Das bist doch nicht du!«, »Eine gute Mutter tut so etwas nicht.«, »Du bist ja völlig verrückt geworden.« Oder sie drohen: »Du wirst schon sehen, was du davon hast.«, »Glaube nur nicht, dass du zurückgekrochen kommen kannst, wenn es nicht funktioniert.«, »Vor der Tür stehen schon zehn Leute, die liebend gerne Ihren Job hätten.«, »Von mir kriegst du dafür keinen Cent!«

Das tut weh oder macht Angst. Damit Sie von diesen negativen Reaktionen nicht überrascht werden, ist es sinnvoll, sich vorher Gedanken zu machen:

- Von welchen Personen fühlen Sie sich emotional oder finanziell abhängig? Etwa von Ihrem Partner, Ihren Eltern, Ihren Kindern, Ihren Vorgesetzten, Ihren Geschwistern, der besten Freundin?
- Was passiert vermutlich, wenn Sie deren Erwartungen nicht länger entsprechen?
- Was könnte im schlimmsten Fall passieren? Malen Sie sich den »Worst Case« aus.
- Halten Sie es für realistisch, dass er eintritt?
- Wenn ja, was können Sie dann tun?

Zum Glück müssen Sie nicht unvorbereitet in die Höhle des Löwen. Die Psychologie hält auch für schwierige Gespräche bewährtes Handwerkszeug bereit. Es ist hilfreich, sich die Möglichkeiten in Ruhe anzuschauen, bevor es ernst wird. Tools, die Sie voraussichtlich brauchen werden, sollten Sie regelrecht auswendig lernen, damit sie Ihnen jederzeit zur Verfügung stehen. Öffnen Sie nun bitte Ihren mentalen Handwerkskoffer, damit ich Ihnen das passende Werkzeug hineinpacken kann.

Lassen Sie sich nicht manipulieren

Auch wenn Sie fest entschlossen sind, Ihren Weg zu gehen, gelingt es manchen Mitmenschen, Sie zu verunsichern. Sie wissen genau, welches Knöpfchen sie drücken müssen, damit Sie weiterhin tun, was sie wollen. Da ist es gut zu wissen, womit man Sie manipulieren kann. Schauen Sie sich die klassischen Druckknöpfe an. Vielleicht ist einer dabei, der bei Ihnen besonders gut funktioniert? Dann hilft Ihnen eine passende Gegenstrategie, um sich mit Selbstvertrauen von diesem Einfluss zu distanzieren.

Der »Wie kannst du mir das antun?« - Knopf

Das wirkt: Tränen. Ein trauriges Gesicht. Stumme Vorwürfe. Sätze wie: »Du denkst auch nur an dich.« Oder mit bitterem Unterton: »Geh nur, ich komme schon allein zurecht.«

Gegenstrategie: Machen Sie sich klar, dass Ihr Gegenüber durch die Manipulation vermeidet, für sich selbst zu sorgen. Bleiben Sie konsequent. Sagen Sie sich, dass Sie damit etwas Gutes tun: Sie geben ihm die Möglichkeit, selbst Verantwortung zu übernehmen und unabhängig zu werden.

Der »Lass das lieber sein!« - Knopf

»Bist du dir eigentlich klar darüber, dass du damit deine Zukunft (unsere Liebe, deinen guten Ruf) zerstörst?«, »So eine Gelegenheit bekommen Sie nie wieder.«

Gegenstrategie: Lassen Sie sich nicht den Schneid abkaufen. Wenn Sie sich alles gründlich überlegt haben und gut vorbereitet sind, sagen Sie sich selbst und Ihrem Gegenüber: »Leben bedeutet nun mal Risiko. Sollte wirklich etwas schiefgehen, kann ich immer noch aus meinen Fehlern lernen.«

Der »Es geht doch nicht ohne dich!« - Knopf

»Der Kleine hängt doch so an dir.«, »Schatz, du kannst mich doch nicht im Stich lassen!«, »Ohne Sie wird das Projekt scheitern.«

Gegenstrategie: Bedanken Sie sich freundlich für das Vertrauen, das man in Sie setzt. Nehmen Sie das Lob, Sie seien wichtig, dankend an, aber fühlen Sie sich deshalb nicht verpflichtet.

Der »Das kannst du nicht!« - Knopf

»Dafür haben Sie doch gar keine Ausbildung.«, »Auf dich haben die da gerade gewartet.«, »Dafür bist du doch viel zu alt (zu jung, zu dick, zu ungeschickt).«

Gegenstrategie: Fragen Sie genau nach. »Welche Fähigkeiten muss ich denn Ihrer Ansicht nach dafür haben?«, »Was ist denn daran so schwer?« Ist unterschwellige Aggression im Spiel, lächeln Sie und sagen Sie entwaffnend: »Vielleicht haben Sie recht.«

Der »Ich weiß das besser!« - Knopf

»Glauben Sie mir, das funktioniert nie.«, »Ich habe das auch probiert, es war furchtbar.«, »Die Statistik besagt, dass 90 Prozent aller Frauen damit scheitern.«, »Dafür ist die Zeit noch gar nicht reif.«

Gegenstrategie: Fallen Sie nicht innerlich vor Wissenschaft und Bildung auf die Knie. Fragen Sie nach der Kompetenz Ihres Gegenübers: »Woher wissen Sie das?«, »Wo steht das?« Haben Sie keine Scheu, sich etwas genau erklären zu lassen.

Trauen Sie sich, Nein zu sagen

Wenn Sie mehr Sie selbst sein wollen, kommen Sie nicht umhin, häufiger als bisher Anfragen und Forderungen abzulehnen. Ich weiß, dass das gerade uns Frauen sehr schwerfällt, aber machen Sie sich bitte klar: Menschen mit Persönlichkeit und Selbstvertrauen sagen nicht zu allem Ja und Amen. Sie wägen ab, ob sie anderen eine Bitte oder einen Wunsch erfüllen. Sie überlegen, ob sie eine Aufgabe übernehmen wollen. Sie lehnen ab, wenn sie es für richtig halten. Diese konsequente Haltung hilft, die eigenen Interessen wahrzunehmen. So weit, so gut. Wir würden sicher alle gerne öfter Nein sagen – wenn es nicht einen Haken hätte: Wir haben Angst davor, uns unbeliebt zu machen oder schlecht dazustehen.

So ging es der US-Talkmasterin Oprah Winfrey. Sie erzählt, dass sie 40 Jahre alt werden musste, um Nein sagen zu können. Weil sie reich und berühmt ist, wird sie immer wieder um finanzielle Hilfe oder persönliche Unterstützung gebeten. Früher sagte sie dann automatisch Ja und zückte ihr Scheckbuch. Doch irgendwann wurde ihr klar, dass sie seit ihrer Kindheit eine starke Angst vor Ablehnung hat und sich deshalb noch als Erwachsene bemüht, die Erwartungen anderer zu erfüllen. Sie beschloss, nun nur noch auf ihr Selbst zu hören. Damit sie diesen Vorsatz nicht vergisst, hat sie ihn aufgeschrieben und gut sichtbar auf ihrem Schreibtisch deponiert: »Ich werde nie wieder etwas für andere tun, wenn es nicht von Herzen kommt. Ich werde nie mehr zu Besprechungen gehen, keine Telefonanrufe tätigen, Briefe schreiben, Projekte sponsern oder an etwas teilnehmen, wenn ich nicht wirklich dahinterstehe. Von nun an werde ich in meinem Handeln mir selbst treu sein.«

Nein sagen auf die sanfte Tour

Falls es Ihnen schwerfällt, ein Nein auszusprechen, kann ich Sie beruhigen: Es muss sich gar nicht so unangenehm auswirken, wie Sie vielleicht befürchten. Mit den folgenden Strategien wird es Ihnen in den meisten Fällen gelingen, trotzdem eine gute Beziehung zu erhalten:

- Zeigen Sie zunächst mit Ihrer Mimik und mit Ihren Worten, dass Sie die Bitte oder Anfrage generell zu schätzen wissen. Lächeln Sie freundlich und sagen Sie etwa: »Ich weiß es zu schätzen, dass du mich fragst.« Oder: »Vielen Dank, dass Sie dabei an mich gedacht haben.«
- Drücken Sie dann Ihr Bedauern aus und lehnen Sie klar ab: » ... aber es tut mir leid, ich kann dir nicht weiterhelfen.« Oder: » ... aber das passt für mich nicht.« Wenn Sie mögen, können Sie auch eine kurze Begründung hinzufügen. Vermeiden Sie jedoch, sich wortreich zu entschuldigen oder lange Erklärungen abzugeben. Damit laufen Sie nur in die Falle, dass der andere versucht, Sie mit Argumenten umzustimmen.

Indem Sie Ihrem Gegenüber Wertschätzung entgegenbringen, mildern Sie die negativen Folgen Ihres Neins ab. Vergessen Sie aber trotz aller Diplomatie nicht: Sie haben das Recht, Nein zu sagen. Man wird Sie mehr respektieren, wenn Sie es auch tun.

Nein sagen auf die harte Tour

Für hartnäckige Forderungen, denen Sie auf keinen Fall nachgeben möchten, gibt es einen besonders wirkungsvollen Tipp: die »Schallplatte mit Sprung«. Erinnern Sie sich noch an die Zeit, bevor es CDs und Streaming gab? Wenn eine Vinylscheibe einen Kratzer bekam, spielte sie an der Stelle immer wieder die gleiche Tonfolge ab. Das hat dieser rhetorischen Technik den Namen gegeben, sie funktioniert nämlich genauso:

Sie überlegen sich mit einem einzigen Satz, was Sie nicht wollen: »Ich möchte nicht ...« Wenn Ihr Gegenüber daraufhin ein Argument nach dem anderen vorbringt, um Sie doch noch umzustimmen, versichern Sie ihm jedes Mal, dass Sie das jeweilige Argument durchaus verstehen, gehen aber nicht inhaltlich darauf ein. Anschließend wiederholen Sie Ihren Satz ohne weitere Erklärung, wie eine kaputte Schallplatte. Ein Dialog dieser Art kann so klingen: »Kannst du das für mich übernehmen?«, »Tut mir leid, ich möchte diese Arbeit nicht machen.«, »Ach komm, das hast du doch schnell erledigt.«, »Ich verstehe, dass du meinst, das könnte ich schnell hinkriegen, aber ich möchte diese Arbeit nicht machen.«, »Das ist aber sehr egoistisch von dir.«, »Es mag sein, dass du das für egoistisch hältst, aber ich möchte diese Arbeit nicht machen.« Und so weiter. Auf diese Weise prallt auch die größte Überredungskunst an Ihnen ab.

Durchsetzen ohne schlechtes Gewissen

In meinen Seminaren zum Thema »Selbstsicherheit« lautet eine der häufigsten Fragen: »Wie schaffe ich es, mich für meine Bedürfnisse einzusetzen, ohne mich hinterher schlecht zu fühlen?« Meine Antwort klingt für die Teilnehmerinnen zunächst enttäuschend: »Das wird Ihnen kaum gelingen.« Und zwar aus gutem Grund. Von Kindesbeinen an haben wir gelernt, dass unsere Interessen weniger zählen als die der anderen. Wann immer wir uns nach dieser Regel verhalten, entsprechen wir unserem inneren Bild von einem guten Menschen. Dem steht jedoch unser gesunder Egoismus entgegen. Von Natur aus liegen uns die eigenen Bedürfnisse mehr am Herzen als die der anderen. Dieser Gegensatz von gelerntem und natürlichem Verhalten bringt uns in eine Zwickmühle: Entscheiden Sie sich dafür, dem Wunsch der anderen nachzugeben, handeln Sie gegen Ihre Interessen und sind frustriert. Beschließen Sie, Ihre eigenen Bedürfnisse in den Vordergrund zu stellen, quälen Sie sich anschließend mit Schuldgefühlen, weil Sie Ihr Gegenüber nicht wichtig genug genommen haben. Aus dieser Zwickmühle kommen Sie nur heraus, wenn Sie bewusst eine Entscheidung fällen. Dazu empfiehlt es sich, zunächst Pro und Kontra zu erwägen:

- Wollen Sie sich wichtig nehmen? Auf diese Weise gewinnen Sie Zeit, Energie, Geld, Selbstachtung, Respekt. Der Preis dafür ist, dass Sie Schuldgefühle durchstehen müssen, Vorwürfe hören, weniger beliebt sind.
- Wollen Sie es anderen recht machen? Dann fühlen Sie sich als guter Mensch. Ihre Mitmenschen sind Ihnen dankbar, mögen Sie. Der Preis dafür ist, dass Sie sich eventuell überlastet oder ausgenutzt fühlen und Dinge tun, zu denen Sie keine Lust haben.

Sie haben immer die Wahl zwischen beidem. Die Entscheidung fällt Ihnen gewiss leichter, wenn Sie die folgenden Überlegungen einbeziehen: Schuldgefühle bedeuten nicht, dass Sie ein schlechter Mensch sind. Sie sind lediglich Ausdruck Ihres inneren Konfliktes zwischen gelerntem und natürlichem Verhalten. Es ist Ihr gutes Recht, die eigenen Wünsche zu verfolgen. Ganz nebenbei, die anderen tun es doch auch, indem sie ihre eigenen Forderungen wichtiger nehmen als Ihre Interessen. Außerdem: Mit Nachgeben und Funktionieren gewinnen Sie keine wahre Liebe oder Achtung. Überlegen Sie, wie viel Ihnen tatsächlich an Menschen liegt, von denen Sie allein aufgrund Ihres Wohlverhaltens akzeptiert und gemocht werden.

Suchen Sie sich Verbündete

Bis hierher hat es vielleicht so geklungen, als ob Sie sich in Feindesland befänden. Aber natürlich werden nicht alle versuchen, Sie an Ihrer Entfaltung zu hindern. Es gibt gewiss auch Menschen in Ihrer Nähe, die sogar sagen: »Warum hast du nur so lange damit gewartet?«

Mir ist es immer ein Anliegen, andere dabei zu unterstützen, sich zu verändern, wenn sich ihr Selbst deutlich meldet. Etwa eine Freundin, die nur noch aus Sicherheitsgründen an ihrem Arbeitsplatz blieb. Sie fühlte sich schon lange unterfordert, hatte aber Sorge, in finanzielle Schwierigkeiten zu kommen, wenn sie sich selbstständig machte. Ich war von ihrem Können so überzeugt, dass ich ihr bei jedem Treffen zuriet, endlich zu kündigen. Schließlich traute sie sich. Und tatsächlich hatte sie nach einer kurzen Durststrecke bereits genügend Aufträge und ist nun wesentlich glücklicher.

Schauen Sie sich um: Wer ermutigt Sie? Wer findet das großartig, was Sie vorhaben? Das sind die Menschen, die Sie jetzt brauchen. Sollten diejenigen nicht in Ihrer unmittelbaren Nähe sein, gibt es auch Foren und Gruppen im Internet, die zu Ihrem speziellen Thema Erfahrungen austauschen und denen Sie sich anschließen können. Vergessen Sie nicht: Sie gehören jetzt zur großen Community der Frauen, die sich die Freiheit nehmen, sie selbst zu sein.

Ausklang: Die Macht ist mit Ihnen

Ich wage eine Prophezeiung: Wenn Sie bereit sind, dem Ruf Ihres Selbst zu folgen, können große und kleine Wunder geschehen. Unerwartet begegnen Sie den richtigen Menschen, erhalten aus bisher unbekannten Quellen notwendige Informationen, oder Ihnen eröffnen sich neue, ungeahnte Möglichkeiten.

Wenn solche positiven Ereignisse eintreten, hat das durchaus etwas Magisches. Es ist so, als würde unser Mut zur Veränderung belohnt und als bekämen wir dazu Unterstützung von höherer Stelle. Der schottische Autor und Bergsteiger William H. Murray ist davon überzeugt: »Sobald man sich entschieden seinem Selbst verpflichtet, bewegt sich auch die Vorsehung. Alle möglichen Dinge unterstützen uns auf eine Weise, wie es andernfalls nie geschehen wäre. Ein ganzer Strom von Ereignissen wird durch unsere Entscheidung in Gang gesetzt und sorgt zu unserem Vorteil für zahlreiche unvorhersehbare Zufälle, Begegnungen und materielle Unterstützungen, die sich vorher keiner so hätte ausmalen können.« Dieser ominösen Macht, deren Eingreifen sich zeigt, gibt man je nach Glaubensrichtung unterschiedliche Namen: Vorsehung, Schicksal, Universum, die Sterne, Gott, das Leben. Aber auch wer dafür keine übersinnlichen Kräfte bemühen möchte, muss zugeben, dass manches auf eine Weise wirkt, die sich unserer Planung entzieht und die uns genau das bringt, was wir haben möchten.

Diese Geschichte mit Magie-Effekt hat mich sehr beeindruckt: Susanne, 44, sehnt sich danach, einen netten Mann zu finden. Fast hat sie schon resigniert, es scheint in ihrem Umfeld viele Frösche, aber keinen Prinzen zu geben. Mit einer Freundin macht sie einen Wochenendtrip auf eine Nordseeinsel. Abends in der Ferienwohnung leeren die beiden Frauen gemütlich eine Flasche Wein und reden auch über Susannes Herzenswunsch. Die Freundin kommt auf eine Idee: »Du schreibst jetzt einfach mal auf, wie du dich selbst einschätzt und wie dein Traummann sein soll. Und dann stecken wir das Papier in die leere Weinflasche und werfen sie ins Meer.« Gesagt, getan. Und jetzt greift das Schicksal ein. Die Flaschenpost wird ans Festland gespült, wo Norbert gerade mit Freunden Urlaub macht. Er liest den Brief und schickt Susanne eine Mail. Nach einigen Telefonaten treffen sich die beiden. Es ist Liebe auf den ersten Blick. Inzwischen haben sie geheiratet.

Die Magie wirkt auch in anderen Bereichen: Marlene, 47, Übersetzerin, hat sich eine Liste der Dinge gemacht, die sie noch erleben will. Ganz oben steht darauf eine Reise an die Ostküste der USA. Nur, allein unterwegs zu sein, macht ihr keinen Spaß, ihre Freundinnen haben keine Zeit, und Gruppenreisen sind nicht ihr Ding. Also liegt der Traum auf Eis. Im Sommer besucht Marlene eine Autorin in Süddeutschland. Auf der Rückfahrt nach Hamburg sitzt in ihrem Zugabteil ein älteres Ehepaar. Man kommt ins Gespräch und Marlene erfährt, dass die beiden vor dreißig Jahren nach Boston ausgewandert sind und nun im Urlaub ihre alte Heimat wiedersehen wollen. Sie tauschen Adressen aus und bleiben über die sozialen Medien in Verbindung. Schließlich erhält Marlene eine Einladung nach Boston, die sie gerne annimmt.

Wunderbares kann sich auch im Kleinen ergeben: Anne, 52, Coach, spürt, dass sie etwas für sich tun muss. Yoga wäre gut. Aber immer wieder schiebt sie es auf, einen Yoga-Kurs zu machen. Da meldet sich eine Frau zu einigen Coachingsitzungen bei ihr an. Es stellt sich heraus, dass sie Yogalehrerin ist – übrigens die erste in Annes 20 Berufsjahren. Sie schlägt Anne vor, ihr statt eines Honorars Yogastunden zu geben. Anne stimmt zu – jetzt ist sie zu ihrem Glück verpflichtet und kann sich nicht mehr drücken. »Yoga tut mir so gut«, sagt sie, »aber ohne diesen Impuls hätte ich es wohl kaum geschafft.«

Auch meine eigene Erfahrung kann ich zu dem Thema »Wunder gibt es immer wieder« beisteuern. Ich habe ja versprochen, Ihnen zu erzählen, wie es weiterging, nachdem ich erkannt hatte, dass ich als Diplom-Psychologin in einer Redaktion am falschen Platz war und psychotherapeutisch arbeiten wollte: Obwohl ich keine Aussicht auf eine solche Stelle hatte, kündigte ich meinen guten Job bei der *Brigitte*. Man mag das bodenlos leichtsinnig finden, aber für mich war es konsequent. Und nun kommt die Magie ins Spiel: Am gleichen Tag, an dem ich vormittags gekündigt hatte, bekam ich nachmittags einen Anruf von einer Psychologin, die ich noch vom Studium her kannte und mit der ich losen Kontakt pflegte. Sie arbeitete in einer Gemeinschaftspraxis, die ich wegen ihrer schönen Räume und der kompetenten MitarbeiterInnen schon früher bewundert hatte. Ich staunte nicht schlecht, als die Psychologin nun zu mir sagte: »In unserer Praxis ist ganz unerwartet ein Kollege ausgeschieden. Hast du Lust, bei uns einzusteigen?« Natürlich sagte ich sofort zu. Das war der Beginn einer langen Tätigkeit in einem Beruf, der wirklich zu mir passt.

Wunder – aber ohne Garantie

Sie dürfen zwar mit Wundern rechnen, aber kalkulieren Sie sie nicht als selbstverständlich ein. Schließlich gehen nicht automatisch Türen auf, nur weil wir meinen, das stünde uns zu. In manchen esoterischen Kreisen wird vermittelt, man könnte diese übersinnlichen Kräfte mit bloßen Gedanken oder konsequenter

Zielsetzung beeinflussen. Doch das funktioniert nur bedingt. Der US-Psychotherapeut Barry Michels warnt: »Das Universum belohnt uns nicht jedes Mal wie einen dressierten Seehund, wenn wir voranschreiten. Die naive Überzeugung, dass es das tut, ist bloß eine andere Version des Verharrens in der Komfortzone.« Die unsichtbare Kraft – ich nenne sie hier neutral »das Leben« –, die offenbar auf unser Dasein einwirkt, ist nicht berechenbar. Mal schenkt sie uns überraschend Glück und Gelingen, mal lässt sie uns vor die Wand laufen. Das hat wohl jede von uns im Laufe der Zeit erfahren, in Form von Kummer, körperlichen Schmerzen, Unglück oder Misserfolg. Das ist ziemlich irritierend. Warum gelingt uns dieses, jenes aber nicht, obwohl wir wissen, dass es richtig ist, und wir alles dafür tun?

Ich musste schon etwas älter werden, um zu verstehen: Das Leben frustriert uns nicht aus Willkür, sondern aus gutem Grund. Es hat andere Maßstäbe als wir. Ihm geht es manchmal weniger um sofortige Wunscherfüllung, sondern darum, dass wir innerlich wachsen. Deshalb stellt es uns, falls nötig, erst einmal vor Schwierigkeiten, aus denen wir lernen können.

Es gibt noch einen weiteren Grund, warum das Leben manchmal anders reagiert, als Sie es erwarten, obwohl Sie mit der Entwicklung Ihres Selbst durchaus auf dem richtigen Weg sind: Die Türen bleiben verschlossen, weil die Zeit noch nicht reif ist. Entweder fehlen Ihnen wichtige Kenntnisse, oder die äußeren Möglichkeiten sind noch nicht ausreichend entwickelt. Dann lässt Sie das Leben zusätzliche Runden drehen, bis die Bedingungen stimmen. Statt enttäuscht zu reagieren, sollten Sie dankbar sein, dass Sie daran gehindert werden, sich zu übernehmen.

Einfach nur dem Leben vertrauen?

Wir müssen wohl einsehen: In der Auseinandersetzung mit dem Leben gewinnt immer das Leben, denn es ist einfach stärker und klüger als wir Menschen. Also können Sie es ihm doch einfach vertrauensvoll überlassen, zu bestimmen, was für Sie das Beste ist? Einerseits trifft das zu. Hingabe an das, was Ihnen das Leben mitteilt, ist meist effektiver, als stur auf eigenen Vorstellungen zu beharren. Aber ganz so simpel ist es dann doch wieder nicht. Dem Leben zu vertrauen heißt nicht, alles hinzunehmen und sich passiv treiben zu lassen. Es geht nicht um Unterordnung, es geht um Zusammenarbeit. Ein lateinischer Spruch, den sich der Benediktiner-Orden zu eigen gemacht hat, lautet: »Ora et labora.« Ich übersetze mal frei: »Vertrau dem Leben – und werde aktiv.« Das bedeutet, sich zu sagen: »Ich mache jetzt das, was meiner Überzeugung nach für mich richtig ist. Und dann achte ich darauf, wie das Leben darauf reagiert, ob wir tatsächlich auf einer Wellenlänge liegen.«

Das wird sich dann schon zeigen. Etwa indem sich gute Gelegenheiten ergeben, indem Sie eine positive Resonanz von anderen bekommen, es sich einfach richtig anfühlt und Freude macht. Oder weil Sie deutlich spüren, dass Sie hier noch etwas Wichtiges lernen müssen. Ihr Part ist es, Ihrem Selbst zu folgen und dabei Ihr Bestes zu geben. Das Leben scheint übrigens auch darauf ein Auge zu haben. Jedenfalls habe ich noch nicht erlebt, dass es auf die Dauer jemanden unterstützt hätte, der sich keine Mühe gibt und mal eben so durchschlüpfen will. Engagement, Disziplin, Mut und Anstrengung sind durchaus gefragt. Das gilt nicht nur für unsere beruflichen Tätigkeiten und privaten Projekte. Es gibt viele Bereiche, in denen wir Kenntnisse erwerben und Erfahrungen machen sollten. Etwa wenn es darum geht, wie wir andere Menschen behandeln, wie wir Unglück verarbeiten, wie wir Glück anziehen und vieles mehr. Annelie Keil, Professorin für Sozialwissenschaften und Biografieforscherin, sagt: »Leben ist immer ein zweiter, dritter oder vierter, vor allem täglicher Bildungsweg, nie endende Weiterbildung ohne Noten und Abschlusszertifikat. Kein Mensch kann sich der Aufgabe entziehen, aus den unsichtbaren universalen Ordnungen, die in ihm stecken, und den sozialen und ökologischen Umwelten seine spezifische biografische Welt zu gestalten, die seinen Namen und nur diesen trägt und die zu einem einzigartigen Lebenswerk heranwächst und mit allem verbunden bleibt.«

In dem berühmten Filmepos *Krieg der Sterne* wünscht der Jedi-Meister Obi-Wan Kenobi seinem Zögling Luke Skywalker: »Möge die Macht mit dir sein.« Das braucht Ihnen niemand zu wünschen, denn die Macht ist immer mit Ihnen. Entfalten Sie Ihr Selbst und Sie werden in jedem Fall die Kraft des Lebens als Rückenwind spüren.

Literatur- und Quellenverzeichnis

Niels Alzen: »Aus tiefster Überzeugung«. In: S-Magazin, November 2019

Iris Apfel: Accidental Icon. Stil ist keine Frage des Alters. Zürich 2019

Jan Cederquist: Die Magie des Zufalls. München 2010

Cécile Dormeau: »Was ist schön?« In: S-Magazin, 03.2019. Aus diesem Artikel stammen die Zitate von Iris Apfel und Melodie Michelberger

Das ABC der Gefühle nach Albert Ellis: https://de.wikipedia.org/wiki/ABC-Theorie

Gary Emery, James Campbell: Rapid Relief from Emotional Distress. New York 1986

Elizabeth Foley, Beth Coates: Was würde Frida tun? 55 Life Lessons von den coolsten Frauen der Weltgeschichte. München 2019

Erich Fromm: Authentisch leben. Hrsg. Rainer Funk. Freiburg i. Brsg. 2000

Janneke Gieles: »Ich sein. Wie authentisch sind Sie?« In: Psychologie bringt dich weiter. Januar/Februar 2017

Henry Thomas Hamblin: In dir ist die Kraft. Freiburg i. Brsg. 1977

Christoph Heinemann: »Bestimmen die Gene unser Leben oder wir selbst? Interview mit Prof. Ileana Hanganu-Opatz«. In: Hamburger Abendblatt 16./17.11. 2019

Eckart von Hirschhausen: »Glück ist Glückssache«. In: Emotion Coach, Nr. 2/2012

Stephen Joseph: Authentizität. Die neue Wissenschaft vom geglückten Leben. München 2017

Annelie Keil: »Ins Gelingen verliebt«. In: Publik-Forum Extra Thema, September 2019

Lisa Meyer: »Werden, wer ich bin«. In: Psychologie heute, 07/ 2019

Monster.de: »Der Traumjob bleibt für viele nur ein Traum«. Umfrage zum Traumjob des Karriereportals Monster, 15.2.2010 http://info.monster.de/15FebruarDerTraumjobbleibtfurvielenureinTraum-120403959/article.aspx

Julia Onken: Mit dem Herzen einer Löwin. Warum Frauen ihr Selbstbewusstsein verlieren und wie sie es zurückgewinnen. München 2018

Anthony Robbins: Das Robbins Power Prinzip. München 1997

Ken Robinson, Lou Aronica: In meinem Element. Wie wir von erfolgreichen Menschen lernen können, unser Potenzial zu entdecken. München 2010

Theresa Röschmann: Unzufrieden? Diese vier magischen Fragen verändern dein Leben. München 2019

Andreas Rose: »Die Karriere-Garderobe der Christine Lagarde«. In: Manager Magazin, 22.07.2019. https://www.manager-magazin.de/lifestyle/stil/stilkritik-christine-lagarde-im-mode-check-a-1278063.html

Marianne Salentin-Träger, Anja Jahr: Moodboards. Wünsche visualisieren und verwirklichen. München 2019

Barbara Sher: Grenzenlos träumen. Wie du deine Sehnsüchte und Wünsche wahr werden lässt. München 2019

Jen Sincero: Du bist der Hammer! München 2017

Neil Slade: Der Glücksschalter. So nutzen Sie Ihr Gehirn zu 100 Prozent. Reinbek 2006. (Darin wird die Methode A. T. Lingo erläutert.)

Sven Stillich: »Was macht mich aus? Ein Essay«. In: Zeit Wissen, Nr. 05/2019

Phil Stutz, Barry Michels: The Tools. Wie Sie wirklich Selbstvertrauen, Lebensfreude, Gelassenheit und innere Stärke gewinnen. München 2012

Tara Swart: Die Quelle. Wie unser Denken unser Schicksal beeinflusst. München 2019

Bronnie Ware: Fünf Dinge, die Sterbende am meisten bereuen. Einsichten, die Ihr Leben verändern werden. München 2015

Beate Westphal, unter Mitarbeit von Anne Jacoby: Eigentlich wäre ich gern ... Wie Sie Ihre Talente zum Traumjob machen. Frankfurt a. M. 2010

Eva Wlodarek: »Psycho-Test: Was ist Ihnen wirklich wichtig?« In: Zeit Wissen Nr. 01/Januar, Februar 2020

Weil ich den Inhalt so wichtig finde, stammen einige Passagen dieses Buches aus dem seit 2014 vergriffenen Buch »Wunscherfüllung für Selbstabholer«, Frankfurt a. M. 2009

Weitere vielfältige Informationen zum Thema »Selbstentfaltung« gibt es auf meinem Youtube-Kanal »Dr. Wlodarek Life Coaching«